HAWS DWEUD

Gweithgareddau Llafaredd, Darllen ac Ysgrifennu i blant Cyfnod Allweddol 2

Awduron:
Stella Gruffydd, Ella Owens
(Asiantaeth *pasg*, Ysgol Addysg, Prifysgol Cymru, Bangor)
Zorah Evans, Ann Tegwen Hughes, Gwawr Maelor
(Tîm Cymraeg, Ysgol Addysg, Prifysgol Cymru Bangor)

Golygydd:
Dr Gwyn Lewis
(Pennaeth Tîm Cymraeg, Ysgol Addysg, Prifysgol Cymru Bangor)

Arlunwyr:
Alan Jones, Jane Taubman, Mei Mac

Clawr:
Alan Jones

Dylunio:
Smala

cynnwys

Cydnabyddiaethau

Diolch i'r canlynol am eu cymorth ymgynghorol yn ystod ysgrifennu'r llyfr:
Anona Owen, Ysgol Llanaelhaearn, Gwynedd
Siân Williams, Ysgol Gynradd Maesincla, Caernarfon
Siân Eira Cadifor, Ysgol Gymraeg Bronllwyn, Y Rhondda
Sara Davies, Ysgol Bro Tegid, Y Bala
Llinos Gibson, Ysgol Penbarras, Rhuthun

Diolch am yr hawl i ddefnyddio'r cerddi, addasiad/rhannau o'r llyfrau canlynol:
Ar Lan y Môr – Mihangel Morgan, allan o 'Sach Gysgu yn Llawn o Greision' –
Myrddin ap Dafydd; Gwasg Carreg Gwalch. 2000 (t.74)
Stori'r Gragen – T. Llew Jones, allan o 'Penillion y Plant'; Gwasg Gomer. 1980 (t.76)
Addasiad o 'Mae'r Dall yn Gweld' – Enid Wyn Baines; Gwasg Pantycelyn, Caernarfon
(t.84)
Rhannau o 'Sais ydy o, Miss!' – Brenda Wyn Jones; Gwasg Gwynedd (t.98, 99, 103)

Diolch i'r canlynol am gael defnyddio'u lluniau:
Adran Farchnata, Prifysgol Cymru, Bangor (t.5, 105, 106)
Tony Stone Images (t.39, 73, 76, 77)
Alwyn Owens (t.7, 19, 20, 49, 50, 51, 63, 65, 75)
Popperfoto (t.7, 17, 22, 93, 94)
Sŵ Bae Colwyn (t.18)
NASA/Science Photo Library (t.27, 28, 29)
Rolant N. Wynne, Llanrug (t.30)
Disgyblion Ysgol Llanllyfni (t.20, 40, 43)
Eisteddfod Genedlaethol Cymru (t.49)
McDonalds, Caernarfon (t.54, 55)
Arthur Rowlands (t.83, 86, 88)
Gwasg Pantycelyn (t.84, 86, 88)
Eluned Giles, Llanllyfni (t.95)
Gwasg Gwynedd (t.67, 68)
Bwrdd Croeso Cymru (t.106, 109)
Meirion MacIntyre Huws (t.78, 113, 114, 115)
Uned Iaith Genedlaethol Cymru, CBAC (t.119)
Bartholomew Ltd. 2001 – Atgynhyrchwyd gyda chaniatâd caredig HarperCollins
Publishers (t.119)

Cysodi Cychwynnol ar ran Asiantaeth *pasg* – Janet Thomas

Cyflwyniad

Mae'r llyfr hwn yn cynnwys cyfres o unedau fydd yn cynorthwyo plant ar draws Cyfnod Allweddol 2 i ymarfer eu sgiliau Llafaredd a'u hymateb Llafar i Ddarllen. Ceir yma hefyd weithgareddau Darllen ac Ysgrifennu amrywiol. Cynigir amrywiaeth o destunau ffeithiol a dychmygus oddi mewn i'r llyfr, ac hefyd amrediad o ffurfiau ysgrifenedig.

Nid fel cyfres o brofion Llafaredd a Darllen y cynhyrchwyd y llyfryn, eithr fel symbyliadau a gweithgareddau amrywiol i ysgolion eu defnyddio fel y gwelant yn dda i ddatblygu cyfleoedd i hybu hyder plant ar lafar ac i finiogi a mireinio eu gallu ym maes Llafaraedd.

12 uned sydd yn y llyfr:

Lefel 2/3:
Ar dy Feic
Creaduriaid Od
Y Gofod
Ffrindiau

Lefel 4/5
Hen ac Ifanc
Sut mae 'sgwennu
Y Môr
Arthur
Newid Byd
Awyr Iach
Y Mymi
Dreigiau

Oddi fewn i'r unedau uchod mae amrywiaeth o ran cymhlethdod testun a gweithgareddau fel y bo modd gwahaniaethu'r dysgu a'r addysgu yn y dosbarth. Mae yma, gobeithio, ddigon o symbyliadau fel bod modd i'r athro/athrawes ddewis a dethol gweithgareddau yn ôl anghenion eu disgyblion.

Nid oes rhaid defnyddio testun yn gaeth a defnyddio uned gyfan bob tro, mae modd gweithio ar rannau o unedau fel y bo angen.

Yn dilyn pob uned mae tudalennau o weithgareddau amrywiol. Fel y testunau Darllen, mae'r gweithgareddau yn amrywiol o ran cymhlethdod fel y bo modd gwahaniaethu yn ôl yr angen o fewn y dosbarth.

Trafod y Testun

Cwestiynau a phwyntiau trafod a geir yma yn uniongyrchol ar y testun, gyda'r bwriad o ddatblygu ymateb Llafar i Ddarllen.

Ceir cymysgedd o weithgareddau, rhai yn gofyn am godi gwybodaeth uniongyrchol o'r testun, eraill yn gofyn barn gan ddefnyddio'r testun i gefnogi safwbynt.

Mae rhai o'r pwyntiau trafod yn ymdebygu i'r math o bwyntiau sy'n codi yn y deunydd asesu statudol, ond eto pwysleisir nad prawf ydy pob tudalen.

Pwyntiau Trafod Pellach

Gweithgareddau Llafaredd amrywiol a chyffredinol yn seiliedig ar thema'r testun ydy'r rhain. Maent yn canolbwyntio mwy ar Lafaredd yn unig, nid oes rhaid bod wedi darllen y testun i drafod bob un ohonynt.

Gellir yn hawdd defnddyddio'r gweithgareddau hyn fel symbyliadau ar gyfer trafodaethau a gweithgareddau chwarae rôl heb orfod darllen y testun.

Mae modd hefyd ddefnyddio rhai ohonynt i gynnal trafodaeth fer i gynhesu'r plant cyn darllen y testun dan sylw.

Gweithgareddau Ysgrifennu

Gweithgareddau amrywiol geir yma sydd yn deillio o thema'r testun, i'w defnyddio yn ôl yr angen. Gallent arwain at waith mwy ymestynnol o fewn y dosbarth.

Gweithgareddau Darllen

Awgrymiadau am weithgareddau Darllen pellach geir yma, fydd yn ysgogi plant i chwilio am fwy o wybodaeth am y testun ac i ddarllen ystod eang o ffurfiau ysgrifenedig.

Fel gyda'r gweithgareddau Ysgrifennu, mae modd i'r gweithgareddau hyn arwain at waith mwy ymestynnol yn ôl angen y dosbarth.

Help Llaw

Yng nghefn y llyfryn ceir adran ychwanegol yn dwyn y teitl "Help Llaw". Cyfres o daflenni sydd yma y gellir eu defnyddio fel canllawiau i blant wrth eu gwaith. Maent wedi eu cynllunio i hybu annibyniaeth a chynyddu sgiliau Llafaredd plant.

Hyderir y bydd yr unedau yma yn ddefnyddiol i athrawon a phlant fel ei gilydd wrth ymdrin â gwahanol agweddau o Lafaredd, Darllen, ac Ysgrifennu yn ysgolion Cymru.

Ar dy Feic

Mae yna sawl rheswm dros gael beic

chwarae

cystadlu mewn ras

Cadw'n heini

6

teithio i'r ysgol

mwynhau

teithio i'r gwaith

BEICIAU AR WERTH

Beic mynydd gwyrdd ar gyfer plentyn 9-11 oed. Teiars cryf, sedd ledr. Lle i fag i gario nwyddau.

Pris: £99.99

Beic mynydd glas tywyll. Ffrâm gryf, teiars llydan. 15 gêr. Breciau ôl a blaen. Olwynion gyda braced rhyddhau cyflym.

Pris: £399.99

Beic rasio coch. Ffrâm ac olwynion ysgafn, hawdd i'w gario. Olwynion yn dod i ffwrdd yn rhwydd. Addas i drac neu ffordd.

Pris: £374.99

Beic pinc. Ffrâm gryf. Olwynion bach ar gyfer dysgu reidio. Addas i blentyn 3-7 oed.

Pris: £54.00

Pwy fydd yn prynu pa feic?

Mari

Pedair oed ydy Mari, ac mae hi eisiau beic. Does gan ei thad ddim llawer o arian i dalu am feic newydd. Rhaid i'r beic fod yn costio llai na £60.00, os ydy Mari am gael un ar ei phen-blwydd. Rhaid i'r ffrâm fod yn gryf a'r olwynion fod yn fach ar gyfer dysgu reidio.

Catrin

Merch ifanc sy'n gweithio mewn swyddfa yn y dref ydy Catrin. Ei hoff beth ydy reidio beic mynydd. Rhaid i'w beic fod yn gryf gyda llawer o gêrs, a brêcs da fel y bydd yn un diogel iawn i'w reidio. Mae'n fodlon talu pris da am feic addas. Rhaid iddi allu ei roi ar ei char bach coch yn hwylus.

Jac

Deg oed ydy Jac, ac mae'n byw ar fferm yn uchel i fyny'r mynydd. Mae wedi bod yn reidio beic er pan oedd yn bump oed. Bydd ei fam yn ei anfon i lawr i'r pentref i brynu rhai pethau o'r siop. Fydd Jac byth yn cerdded yno. Ar ei feic y bydd yn mynd bob amser. Mi fyddai Jac wrth ei fodd yn cael beic mynydd yn lle'r hen un sydd ganddo.

Aled

Bachgen 15 oed ydy Aled, ac mae wrth ei fodd yn rasio beic. Pan fydd yn rasio bydd yn gwisgo crys llachar, helmed arbennig a throwsus du tynn. Ei fam sy'n ei gario ef a'i feic i'r ras yn ei char newydd. Rhaid i Aled gael beic hwylus, ysgafn i'w gario a'i rasio. Mae'n ymarfer ar y ffyrdd o gwmpas ei gartref ond mae llawer o'r rasus ble mae Aled yn cystadlu ar drac cyflym.

BEICIO

Daeth Siân Roberts yn enwog am reidio beic trawsgwlad. Hi oedd pencampwraig Cymru o 1991-1995, a'r orau trwy Brydain ddwy waith.

Merch o Gaerdydd ydy Siân, ond yn Sir Feirionnydd y cafodd ei magu.

Pan oedd yn naw oed cafodd ddamwain ddrwg ar ei beic. Chafodd hi ddim reidio beic ar ôl hynny gan ei mam!

Dechreuodd redeg mynydd a'i fwynhau, ond cafodd anaf a bu raid iddi roi'r gorau i hynny hefyd!

Dysgodd reidio beic unwaith eto yn 1989, ac erbyn 1990 roedd wedi dechrau rasio ar ei beic. Roedd yn ymarfer yn galed iawn ar gyfer pob ras.

Dyma ran o ddyddiadur Siân am yr wythnos cyn ras fawr:

Dydd Llun

Beicio hawdd heddiw am tua dwy awr. Wnes i ddim beicio'n galed rhag gwneud drwg i'm calon. Rhaid imi beidio blino gormod yr wythnos yma.

Dydd Mawrth

Ar y beic am reid hir heddiw er ei bod yn glawio'n drwm. Mynd yn araf i ddechrau, yna yn bur gyflym er mwyn i'm calon weithio'n galed. Gorffen y reid yn fwy araf a gadael i'r galon ddod yn ôl i'w churiad normal.

Dydd Mercher

Mynd â monitor y galon gyda mi heddiw gan fy mod am fynd yn araf ac yn gyflym bob yn ail. Ymarfer caled.

Dydd Iau

Ar y beic am bron i dair awr heddiw. Teimlo bod yr holl ymarfer yn dda i'm corff. Dyna braf ydy hi pan mae popeth yn mynd yn iawn.

Dydd Gwener

Dim beicio o gwbl heddiw. Mynd i gerdded er mwyn ymlacio. Haul braf yn wahanol iawn i ddydd Mawrth. Gobeithio y bydd yn dal yn sych tan ddydd Sul. Does dim gwaeth na thrac rasio gwlyb!

Dydd Sadwrn

Cael cyfle i weld y cwrs rasio. Beicio o'i gwmpas ryw ddwywaith neu dair. Yna ymarfer caled am tua awr a hanner. Cael pryd o fwyd arbennig – pasta, er mwyn imi gael digon o egni. Yfed llawer iawn o ddŵr hefyd.

Dydd Sul

Wel dyma ddiwrnod y ras! Brecwast ysgafn, ac yfed digon. Teimlo'n nerfus wrth ddisgwyl amser cychwyn. Ymhen dwy i dair awr bydd y ras ar ben. Tybed a fydd wedi bod yn werth yr holl ymarfer?

Trafod y Testun

- Pam fod plant a phobl yn defnyddio beiciau?

- Edrychwch ar 'Beiciau ar Werth' ac atebwch y cwestiynau yma:

  * Pa feic fyddai'n addas i blentyn ddysgu reidio?

  * Pa feic sy'n addas i'w roi yn y car i fynd ar wyliau?

  * Pa feic fyddai'n addas ar gyfer plentyn deg oed?

  * Pa feic sy'n addas i drac neu ffordd?

  * Pa feic sy'n costio fwyaf?

  * Pa feic sy'n costio leiaf?

- Disgrifiwch y beiciau sydd ar dudalen 8 gan ddweud pa un ydy'r gorau gennych chi a pham.

- Beth ydych chi'n ei wybod am Mari, Catrin, Jac ac Aled?

- Rydych wedi darllen am Mari, Catrin, Jac ac Aled, ac am bedwar beic. Pa feic fyddai fwyaf addas i bob un ohonyn nhw? Siaradwch am eich dewis gan roi rhesymau dros eich atebion.

- Beth ydych chi'n ei wybod am Siân Roberts? Chwiliwch am ffeithiau amdani.

- Yn ei dyddiadur, mae Siân yn sôn am sut mae'n paratoi ar gyfer ras fawr. Soniwch am:

  * sut mae'n gofalu am ei chalon;

  * sut mae Siân yn teimlo wrth ymarfer;

  * y bwyd mae hi'n ei fwyta.

Pwyntiau Trafod Pellach

- Os oes gennych chi feic, siaradwch amdano wrth weddill y grŵp gan ddweud pam yr ydych yn mwynhau, neu ddim yn mwynhau, ei reidio.

- Siaradwch am eich hanes yn dysgu reidio beic:
  * ble roeddech chi'n reidio;
  * pwy oedd yn eich dysgu;
  * gawsoch chi ddamwain? Soniwch amdani.

- Siaradwch am unrhyw dro trwstan gawsoch gyda'ch beic. Ceisiwch ddweud eich hanes mor ddifyr â phosibl.

- Ydych chi'n credu bod llwybrau arbennig i feiciau yn syniad da? Os ydych yn arfer reidio ar lwybr arbennig beth am sôn amdano a'i ddisgrifio i weddill y grŵp. Gallwch ddweud ble mae'n cychwyn ac yn gorffen, a beth fyddwch yn ei weld wrth feicio ar ei hyd.

- Pam ei fod yn beth da, neu ddim yn beth da, i wisgo helmed i feicio? Beth ydy eich barn am gael helmed am ddim gyda phob beic sy'n cael ei werthu? Cofiwch fod gwregysau diogelwch ym mhob car pan ydych yn ei brynu.

- Disgrifiwch y math o feic yr hoffech ei gael pe byddech yn cael dewis unrhyw un yn y byd. Rhowch resymau dros eich dewis.

- Pam fyddech chi'n hoffi, neu ddim yn hoffi, cymryd rhan mewn ras feicio?

Gweithgareddau Ysgrifennu

- Gwnewch restr o'r manteision sydd o gael beic.

- Ysgrifennwch stori am 'Y Beic Hud'. Cofiwch:

  * ddechrau'r stori gyda brawddeg dda;

  * gynnwys digon o ddigwyddiadau diddorol;

  * roi disgrifiadau da;

  * orffen y stori'n effeithiol.

- Gwnewch restr o reolau'r ffordd fawr ar gyfer plant sy'n beicio.

  * Cofiwch, wrth ysgrifennu rheolau, rhaid i chi fod yn gryno.

  * Ysgrifennwch un rheol ar bob llinell a'u rhifo.

- Lluniwch boster i hysbysebu llwybr beicio newydd sydd ar fin cael ei agor yn eich ardal. Cofiwch fod yn rhaid i boster fod yn ddeniadol a lliwgar – dewiswch eich lliwiau'n ofalus. Rhaid rhoi gwybodaeth yn glir arno hefyd. Meddyliwch:

  * ble bydd y llwybr yn cychwyn ac yn gorffen?

  * pa fath o lwybr ydyw – hawdd neu anodd, gweddol wastad neu serth?

  * beth sydd i'w weld o'r llwybr?

  * pa fath o luniau sydd yn mynd i fod yn effeithiol ar y poster?

- Lluniwch boster i hysbysebu siop feiciau newydd fydd yn agor yn y dref agosaf atoch fis cyn y Nadolig. Ceisiwch roi sylw i'r pethau hyn:

  * meddwl am enw bachog i'r siop;

  * gwneud y poster yn lliwgar ac yn ddeniadol, dewiswch eich lliwiau'n ofalus;

  * rhoi gwybodaeth am ble mae a phryd mae'n agor;

  * oes person enwog yn dod i'w hagor?

  * pa fath o feiciau fydd yn cael eu gwerthu yno?

- Ysgrifennwch baragraff byr yn disgrifio eich beic yn fanwl. Cofiwch:

  *   gyfeirio at sut feic ydyw;

  *   ei liw a'i faint;

  *   unrhyw bethau arbennig sydd ar y beic, er enghraifft, bag neu fasged, lle i ddal diod a.y.y.b.

- Disgrifiwch ddau feic gwahanol rydych yn gwybod amdanyn nhw gan eu cymharu, er enghraifft, eich beic chi a beic eich brawd neu chwaer, mam neu tad, nain neu taid, ffrind.

- Ysgrifennwch lythyr at y papur lleol yn dweud pam rydych yn hapus, neu ddim yn hapus, fod llwybr beicio newydd yn cael ei agor yn agos at ble 'rydych yn byw. Cofiwch:

  *   osod eich llythyr yn drefnus gan nodi'r cyfeiriad a'r dyddiad;

  *   dynnu sylw at fanteision neu anfanteision y llwybr;

  *   roi eich barn yn glir, a rhoi rhesymau am eich barn;

  *   orffen y llythyr yn drefnus.

Gweithgareddau Darllen

- Chwiliwch am ychydig o hanes beiciau, mewn llyfrau neu ar y We.

  * gwnewch nodiadau ar ôl darllen, gan godi'r prif ffeithiau am y beics.

  * tynnwch luniau gwahanol feiciau.

  * labelwch nhw yn Gymraeg.

  * ysgrifennwch ddau baragraff am y gwahanol feiciau.

- Chwiliwch am wybodaeth am Dunlop, a ddyfeisiodd y teiar rwber. Chwiliwch am o leiaf bump o ffeithiau amdano.

- Ewch i chwilio mewn cylchgrawn neu gatalog beicio am wahanol fath o feiciau. Gwnewch restr o'r gwahanol rai y gallwch ddod o hyd iddyn nhw e.e. beiciau rasio a.y.y.b.

- Chwiliwch am wybodaeth am ras feicio enwog o'r enw 'Tour de France'. Chwiliwch am o leiaf bump o ffeithiau am y ras.

- Chwiliwch ar y We ar safle fel www.ajkids.com am wybodaeth am:

  * sut i wisgo helmed feicio yn gywir

  * sut mae beic yn gweithio

  Argraffwch y wybodaeth a defnyddiwch bensil i danlinellu'r prif ffeithiau

uned 2

Creaduriaid
Od

GWALIA

Papur Dyddiol Cymru **Pris 30c**

POBL MEWN PERYGL!!

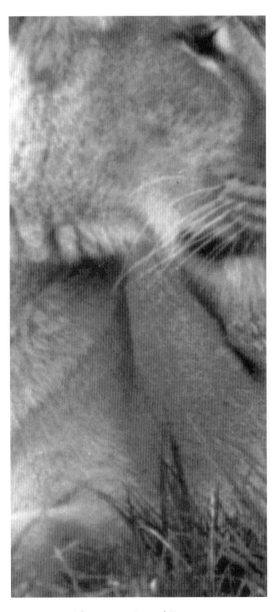

Llun gan Arwel Evans

Mae heddlu De Cymru yn rhybuddio pawb i aros yn eu cartrefi heno. Y rheswm am hyn ydy bod pobl wedi gweld creadur peryglus iawn yn crwydro'r wlad.

Mae'r heddlu wedi bod yn chwilio am y creadur sydd wedi cael ei weld yn y de gan dros 30 o bobl.

Mae'r creadur yn cael ei ddisgrifio fel hanner llew a hanner arth. Gall gerdded ar ddwy goes neu bedair, ac mae rhai wedi ei weld yn hedfan.

Dros nos mae nifer o anifeiliaid fferm wedi diflannu, yn arbennig ieir a defaid. Mae Bob Owen, ffermwr ger Llandeilo, yn dweud iddo golli dwy ddafad neithiwr, a daeth o hyd i ddafad arall wedi ei hanafu'n ddifrifol.

'Dydy hyn erioed wedi digwydd o'r blaen,' meddai Bob Owen. *'Mae'n amlwg fod y creadur yma'n beryglus iawn.'*

Mwy o'r hanes ar dudalen 2

18

BYDDWCH YN OFALUS
– neges yr Heddlu

Nid oes neb ar hyn o bryd yn gwybod yn iawn beth ydy'r creadur yma sy'n crwydro De Cymru, yn codi ofn ar bawb. Cafodd ei weld am y tro cyntaf fore ddoe gan griw o blant ar fws ar eu ffordd i'r ysgol ger Pontypridd. Ffoniodd y gyrrwr yr heddlu yn syth ar ei ffôn symudol.

Roedd y creadur yn rhedeg yn gyflym iawn, bron wrth ochr y bws, yn ôl y plant. Yn sydyn, cododd i'r awyr a hedfan i ffwrdd.

Brynhawn ddoe roedd dwy wraig ar eu ffordd adref wedi bod yn siopa yn Aberystwyth. Gwelodd y ddwy greadur rhyfedd. *'Roedd y creadur yn bwyta rhywbeth tebyg i gwningen ar ochr y ffordd,'* meddai'r ddwy.

Erbyn neithiwr roedd llawer o bobl yn ffonio heddlu De Cymru yn dweud eu bod wedi gweld creadur od neu glywed sŵn rhuo y tu allan i'w cartrefi.

Mae ysgolion De Cymru ar gau hyd nes bydd y creadur wedi ei ddal, ac mae llawer o bobl yn aros gartref o'u gwaith rhag ofn.

Dyma gyngor yr heddlu i bobl Cymru am y dyddiau nesaf:

1. Arhoswch yn y tŷ, peidiwch â mynd allan ar unrhyw gyfrif.

2. Os oes rhaid i chi fynd allan, ewch yn y car ac ewch â rhywun gyda chi.

3. Gwrandewch ar y newyddion yn aml i gael mwy o wybodaeth am y creadur.

4. Ffoniwch yr heddlu ar unwaith os byddwch yn gweld neu glywed rhywbeth od.

CYMRU YN METHU CREDU

Mae Cymru i gyd yn siarad am y creadur, rhai yn dweud eu bod wedi ei weld, eraill yn methu credu yr hyn maen nhw'n ei glywed. Dyma ymateb rhai pobl:

O Abertawe y daw Meirion Davies, bachgen saith oed. Gwelodd y creadur yn ei ardd gefn amser te ddoe. Meddai Meirion:

'Roedd yn dalach na Dad o lawer ac roedd blew brown ar hyd ei gorff i gyd. Roedd yn symud fel cath fawr. Neidiodd dros y ffens i'r drws nesaf, gan wneud sŵn rhuo mawr.

Gwaeddais ar Mam ond erbyn iddi hi ddod, roedd wedi mynd.'

Mae Zarmina Ali yn ferch ysgol naw oed o Gaerfyrddin. Amser chwarae yn ei hysgol fore ddoe roedd hi a'i ffrind, Siân Price, yn edrych dros wal yr ysgol ar y defaid yn y cae:

'Yn sydyn dechreuodd y defaid i gyd redeg i un gornel o'r cae,' meddai Zarmina. 'Roedd rhywbeth yn rhedeg ar ein holau!

Roedd tua'r un maint â theigr. Roedd yn frown ac yn flewog, gyda blew hir gwyn ar ei wyneb. Agorodd ei geg a gwneud sŵn 'Wwww' fel blaidd. Gwelais ei ddannedd hir, miniog.

Sgrechiodd y ddwy ohonom a rhedeg i'r dosbarth!'

Mae Gwyn Williams yn filfeddyg. Mae ganddo ddiddordeb mawr mewn anifeiliaid anghyffredin. Dywedodd Gwyn Williams mewn cyfweliad ar gyfer *Gwalia*:

'Does dim creadur yn bod yn y byd sydd yn ffitio'r disgrifiad yma. Rwy'n credu mai rhyw fath o gath wyllt ydy'r creadur a bod pobl yn gor-ddweud braidd wrth ei ddisgrifio.

Sylwch mai plant ydy'r rhan fwyaf sydd wedi ei weld ac rydych yn gwybod pa mor dda ydyn nhw am ddweud storïau!!'

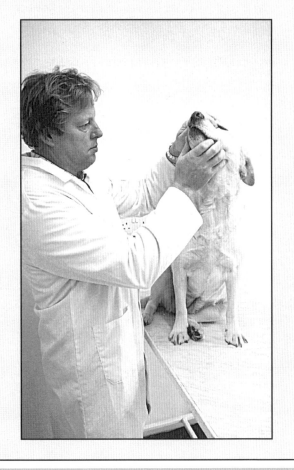

Mae creaduriaid od wedi cael eu gweld ar hyd a lled y byd. Mae llawer o sôn amdanyn nhw wedi bod mewn papurau newydd a llyfrau. Mae'r bobl sydd wedi eu gweld yn sicr eu bod wedi gweld rhywbeth od iawn. Mae pobl eraill yn meddwl eu bod yn dweud celwydd neu yn dychmygu.

Penderfynwch chi ...

Ogopogo

Ym mis Gorffennaf 1974, roedd gwraig wedi mynd i nofio yn Llyn Okanagan, British Columbia, Canada.

Yn sydyn teimlodd rywbeth yn taro yn erbyn ei choesau. Trôdd i weld beth oedd yno a chael braw.

Disgrifiad o'r creadur:

- 9 metr o hyd a 1.2 metr ar draws.
- Croen llyfn streipiog.
- Cynffon fel morfil gyda smotiau arno.

Dros y blynyddoedd mae pobl eraill wedi gweld y creadur yma. Mae'n cael ei alw yn Ogopogo.

Anghenfil Loch Ness

Mae'n byw mewn ogof o dan y dŵr yn Loch Ness, sef llyn yn yr Alban.

Disgrifiad o'r creadur:

- Tua 10 metr o hyd.
- Gwddf hir fel alarch – tua 2 metr o uchder.
- Pen bach.
- Croen llwyd tywyll neu frown tywyll.
- Cefn crwn.

Tynnwyd y lluniau gorau o'r anghenfil yn 1977 gan ŵr o'r enw Anthony Shiels. Gwelodd ef yr anghenfil yn codi o'r dŵr am ychydig eiliadau, troi ei ben fel petai'n chwilio am rywbeth ac yna suddo yn ôl i'r dŵr.

Mae nifer o bobl yn dweud mai pysgodyn mawr neu forlo anferth ydy'r anghenfil.

Sasgwats neu 'bigfoot'

Mae'r creadur yma wedi cael ei weld gan lawer o bobl yn America a Chanada.

Disgrifiad o'r creadur:

- Tebyg i gorila tua 2 – 4 metr.
- Cerdded ar ddwy droed.
- Croen tywyll, ffwr brown/du a thrwyn fflat.
- Breichiau hir.
- Coesau cryf.
- Symud o ochr i ochr wrth gerdded.
- Traed anferth hyd at 50 cm.
- Bwyta planhigion ac anifeiliaid fel y carw.
- Byw mewn coedwigoedd.

Trafod y Testun

- Yn ôl yr adroddiad ar dudalen flaen *'Gwalia'*, beth sydd wedi codi ofn ar bobl Cymru? Trafodwch y newyddion gyda'r grŵp gan sôn am:

  * sut mae'r creadur yn edrych;

  * sut mae'r creadur yn symud o gwmpas.

- Beth ydy cyngor yr heddlu i bobl yn *'Gwalia'*?

- Mae nifer o blant yn dweud eu bod wedi gweld y creadur od. Soniwch am yr hyn maen nhw'n ddweud am y creadur.

- Wedi darllen y pethau sy'n cael eu dweud yn *'Gwalia'*, ydych chi'n meddwl bod y creadur peryglus yn bod?

- Ar dudalen olaf *'Gwalia'* mae sôn am greaduriaid od sydd wedi cael eu gweld ar draws y byd. Dywedwch wrth weddill y grŵp beth ydych wedi ei ddysgu am y creaduriaid yma. Soniwch am:

  * ble maen nhw wedi cael eu gweld;

  * sut maen nhw'n edrych.

Pwyntiau Trafod Pellach

- Ydych chi'n credu bod creaduriaid fel anghenfil Loch Ness yn bodoli?

  * rhowch resymau dros eich barn bob tro.

- Dewiswch un aelod o'r grŵp i fod yn gweithio i gwmni teledu sy'n gwneud adroddiad ar y creadur od sy'n crwydro Cymru. Mae gweddill y grŵp i gymryd arnynt eu bod wedi gweld y creadur. Trefnwch gyfweliad ar gyfer y teledu. Meddyliwch yn ofalus am eich cwestiynau a'ch atebion.

- Rydych yn ohebydd radio. Mae'n rhaid i chi roi adroddiad sydd ar y radio ymhen tri munud yn dweud hanes y wraig yn gweld yr Ogopogo yng Nghanada.

  * paratowch yn sydyn yr hyn ydych am ei ddweud.

  * ewch ati i recordio'ch sgwrs fesul un.

  * gwrandewch ar adroddiadau eich gilydd a siaradwch am ba mor effeithiol ydyn nhw.

- Bydd angen i chi roi sgwrs fer i'ch dosbarth yn sôn am greadur od sydd wedi cael ei weld ger eich ysgol. Cewch fod yn un o'r bobl sydd wedi gweld y creadur, neu'n berson sydd ddim yn credu yn y fath nonsens

  * cofiwch feddwl am ddweud eich barn yn glir a rhoi rhesymau dros eich barn yn aml.

Gweithgareddau Ysgrifennu

- Dychmygwch eich bod chi wedi bod yn Loch Ness ar eich gwyliau ac wedi gweld yr anghenfil. Ysgrifennwch lythyr at ffrind yn disgrifio beth welsoch chi.

- Dychmygwch mai chi ydy'r wraig oedd yn nofio yn Llyn Okanagan, Canada. Ysgrifennwch yn eich dyddiadur am y diwrnod hwnnw gan ddweud eich hanes. Cofiwch ddisgrifio'n fanwl:
  * beth welsoch chi;
  * sut oeddech yn teimlo.

- Rydych yn gweithio i bapur newydd lleol ac mae'r creadur yma wedi cael ei weld yn nofio mewn llyn yn eich ardal. Ysgrifennwch adroddiad i'r papur newydd yn adrodd yr hanes. Cofiwch sôn am:
  * ble gwelwyd y creadur;
  * pwy welodd y creadur – oes modd cael hanes ganddyn nhw?
  * sut oedd y creadur yn edrych.

- Ysgrifennwch eitem newyddion byr i'w roi mewn papur newydd, neu ei ddarllen ar y radio, am rywun wedi gweld un o'r creaduriaid yn yr uned yma. Cofiwch:
  * roi cyflwyniad i'r gwaith;
  * cadw'r gwaith yn fyr;
  * cyflwyno'r ffeithiau yn glir;
  * cael diweddglo da i'r adroddiad.

- Dewiswch benawdau o bapurau newydd go iawn ac ysgrifennwch eich adroddiad eich hun ar un ohonynt.

Gweithgareddau Darllen

- Chwiliwch mewn llyfrau am fwy o wybodaeth am greaduriaid od eraill sydd wedi cael eu gweld dros y byd. Rhannwch y wybodaeth gyda phlant eraill yn y dosbarth.

- Edrychwch ar dudalen o bapur newydd. Sylwch ar y modd mae'n cael ei gosod. Sut mae'r papur yn tynnu sylw'r darllenydd at y prif newyddion?

- Gwnewch gasgliad o benawdau da o bapurau newydd. Trafodwch nhw, gan ddweud pam ydych chi'n meddwl eu bod yn effeithiol. Mae rhai yn ddoniol, eraill yn drist, rhai yn frawychus. Dewiswch amrywiaeth.

- Edrychwch ar frawddegau cyntaf unrhyw adroddiad papur newydd. Fel arfer mae'n dweud yn fras am beth mae'r stori'n sôn. Dewiswch rai i'w trafod fel grŵp.

- Os oes Papur Bro yn eich ardal, ewch ati i'w ddarllen. Sylwch ar y penawdau. Sut mae'r rhain yn debyg, neu ddim yn debyg, i bapur dyddiol?

- Darllenwch wybodaeth am ddeinosoriaid gyda phartner. Ysgrifennwch ffeithiau am rai deinosoriaid e.e. eu maint, beth oeddent yn ei fwyta. Gallwch wneud cardiau gwybodaeth os hoffech chi. Chwaraewch gêm *Dyfalu'r Deinosor* wrth ofyn cwestiynau i'ch gilydd am y deinosoriaid e.e. "Wyt ti'n hoffi bwyd llysieuol?" Defnyddiwch y wybodaeth yr ydych wedi ei gasglu i holi ac i ateb cwestiynau.

Y Gofod

I'R GOFOD

- Bu'n ras rhwng Rwsia ac America i gael y dynion cyntaf i'r gofod.

- Rwsia enillodd y ras. Yuri Gagarin oedd y gŵr cyntaf i fynd i'r gofod yn 1961.

- Dau ŵr o America oedd y cyntaf i lanio ar y lleuad yn 1969. Y ddau oedd Neil Armstrong ac Edwin Aldrin.

- Erbyn 1972 roedd 12 o bobl wedi bod ar y lleuad.

- Dyma'r llong ofod gyntaf – 'Shuttle' – yn cael ei thanio o'r roced yn 1981.

- Gall y 'Shuttle' deithio yn ôl a blaen o'r ddaear i'r gofod. Mae'n gallu cario nifer o bobl o'r ddaear i weithio yn y gofod.

- Dyma lun arall ohoni yn dod yn ôl i'r ddaear.

Bywyd ar long ofod y 'Shuttle'

➤ Mae toiledau a lle 'molchi ar gael.

➤ Mae gan bob un sy'n gweithio ar yr orsaf le cysgu iddo'i hun.

➤ Mae cegin fechan gydag oergell ynddi i baratoi bwyd, ac mae pantri i gadw bwyd wrth gefn.

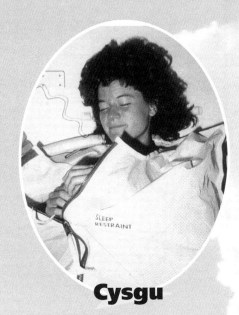

Cysgu

➤ Mae gan bob gweithiwr ei fwrdd ei hun i roi bwyd arno tra mae'n bwyta. Mae hwn yn fwrdd arbennig, sydd yn cael ei ddefnyddio fel plât i ddal y pecynnau bwyd.

➤ Mae cyllell, fforc a llwy i bob un, a siswrn er mwyn agor y pecynnau.

➤ Mae beic ymarfer ac offer arall ar gael i'r gweithwyr neu'r gofodwyr gadw'n heini tra yn y gofod.

Beic Ymarfer

Bwyd yn y gofod

- Erbyn hyn mae bwyd y gofodwr yn debyg i'n bwyd ni ar y ddaear.

- Pan aeth y bobl gyntaf i fyny i'r gofod, roedden nhw'n gorfod bwyta eu bwyd allan o diwb tebyg i diwb pâst dannedd!

- Mae'r bwyd yn cael ei baratoi'n ofalus iawn. Rhaid iddo:

  - fynd i ychydig o le;
  - fod yn hwylus i'w gadw;
  - fod yn weddol ysgafn;
  - fod yn llawn maeth.

Mae'r gofodwyr yn cael tri phryd bwyd y dydd, ac ambell beth i'w fwyta rhwng prydau.

Os oes bwyd heb ei ddefnyddio, rhaid ei gadw yn y pantri gyda'r bwyd wrth gefn.

hufen iâ

Dyma fwydlen diwrnod:

Bwydlen

PRYD 1

Ffrwyth sych – gellyg neu eirin gwlanog

Corn fflêcs

Diod oren

Coco

PRYD 2

Ham

Caws meddal

Bara ar ffurf tortilla

Pîn afal

Cnau

Diod mefus

PRYD 3

Cyw iâr neu dwrci

Llysiau mewn sôs caws

Teisen siocled

Sudd grawnwin

DAU BEN-BLWYDD

Roedd Dafydd yn cael ei ben-blwydd yn 11 oed . . . Aeth i ymolchi . . .

Anghofiodd Dafydd gau'r tap, fel arfer.

Mae plant yn Affrica heb ddŵr o gwbl. Rwyt ti'n gwastraffu o hyd.

Bydd dawel, Lowri. Paid â gwneud ffys.

WRTH Y BWRDD BRECWAST

Yfed y llaeth i gyd Dafydd. Mae'n rhoi esgyrn cryf i ti chware pêl-droed.

Mae'n well gen i chware ar y cyfrifiadur. Sudd oren oeddwn i eisiau, beth bynnag.

DAFYDD YN CAEL ANRHEG PEN-BLWYDD

O! Grêt!

Cofia gadw'r papur yn daclus er mwyn ei ail gylchu.

Roedd Dafydd wrth ei fodd gyda'r gofod.

Beth am ddiolch?

meddai Lowri a Mam.

Y NOSON HONNO

EDRYCH AR Y SÊR

Syrthiodd Dafydd i gysgu a breuddwydio . . .

Croeso i'r blaned Lân, Dafydd. Nâl ydw i. Rydw i'n cael fy mhen-blwydd heddiw hefyd.

Dafydd yn edrych yn syn

MYND I GEGIN NÂL

Mae rhaid i mi wisgo'r helmed yma. Mae'n llawn ocsigen - peth prin iawn ar y blaned Lân. Gwisga hon.

Tyrd i gael brecwast.

Dim ond hyn wyt ti yn ei gael?

y y y yy

Mae bwyd yn brin ar y blaned yma hefyd. Mae rhaid i ni beidio â gwastraffu dim. Rydym yn ailgylchu popeth. Dyna sut yr ydym yn byw yma ar Lân.

Mae gennyn ni ddigon o fwyd ar y ddaear. Bydd mam yn dweud fy mod yn gwastraffu yn aml.

Tyrd gyda mi Dafydd.

Pen-blwydd hapus Nâl!

'Rydym wedi prynu gwerth awr o ocsigen iti er mwyn cael chware pêl-droed.

Ymhen awr canodd seiren.

Mae'r awr ar ben. Diolch am yr anrheg pen-blwydd. Cawod hanner munud nawr.

Hanner munud? Ydych chi'n mesur y dŵr?

Ydym. Does neb yn gwastraffu ar y blaned Lân.

Wedi bod yn breuddwydio ydw i?

Aeth Dafydd i ymolchi . . .

cofiodd gau'r tap.

YN Y GEGIN - Yfed ei laeth i gyd.

Diolch Mam. A diolch am y telesgôp, mae'n grêt.

Y NOSON HONNO edrychodd drwy'r telesgôp eto.

Ble mae'r Blaned Lân?

Trafod y Testun

- Beth ydych yn ei wybod am deithio i'r gofod? Soniwch am:

  *   deithio i'r lleuad;

  *   y 'Shuttle'.

- Sut mae bywyd yn y gofod yn debyg neu'n wahanol i fywyd ar y ddaear?

  Cymharwch y ddwy ffordd o fyw.

- Beth ydych yn ei wybod am fwyd a bwyta yn y gofod? Sut mae'n debyg neu'n

  wahanol i'r bwyd rydyn ni'n ei brynu a'i fwyta?

- Dywedwch beth sydd yn digwydd yn y stori 'Dau ben-blwydd', sydd ar ffurf

  comic. Soniwch am:

  *   sut berson ydy Dafydd;

  *   sut berson ydy Nâl;

  *   beth sy'n wahanol yn ffordd o fyw Dafydd a Nâl;

  *   unrhyw newid sy'n digwydd i Dafydd.

- Pam wnaethoch chi fwynhau, neu ddim mwynhau, 'Y Gofod'? Cofiwch roi

  rhesymau.

Pwyntiau Trafod Pellach

- Dywedwch wrth y grŵp am y daith ysgol orau, neu'r fwyaf diflas, gawsoch erioed, gan ddweud beth wnaeth y daith yn un i'w chofio.

- Soniwch am unrhyw raglen deledu, fideo neu ffilm welsoch am y gofod. Dywedwch pam wnaethoch chi ei mwynhau, neu ddim ei mwynhau.

- Pam fyddech chi'n hoffi, neu ddim yn hoffi, mynd i'r gofod? Cofiwch roi rhesymau.

- Beth ydy eich barn chi am fod yn fentrus a gwneud pethau peryglus? Os gwyddoch am rai sydd wedi gwneud pethau peryglus neu anturus, soniwch amdanyn nhw wrth eich grŵp.

- Soniwch am unrhyw adeg y buoch yn rhy fentrus wrth chwarae a beth fu canlyniad hyn.

- Dywedwch sut y credwch y byddai eich teulu yn teimlo pe byddech chi'n dweud wrthyn nhw eich bod am wneud rhywbeth peryglus fel neidio o awyren gyda pharasiwt, i godi arian at achos da. Ceisiwch feddwl sut y byddai gwahanol rai yn ymateb e.e. mam, dad, brawd, chwaer, nain, taid.

- Dychmygwch eich bod wedi cael cynnig mynd i'r gofod am fis. Rydych yn cael mynd â chwech o bethau gyda chi, yn ychwanegol i ddillad a bwyd. Beth fyddech chi'n ei ddewis a pham?

Gweithgareddau Ysgrifennu

- Ysgrifennwch fwydlen naill ai:

  * i chi eich hun am ddiwrnod;

  * i'r teulu am ddiwrnod.

  Cofiwch fod ffordd arbennig o ysgrifennu bwydlen. Edrychwch yn yr uned yma er mwyn ichi gael patrwm. Ceisiwch nodi beth hoffech ei gael ar gyfer tri phryd bwyd. Beth am wneud eich gwaith ar y cyfrifiadur a'i addurno yn addas i'w arddangos?

- Gorffennwch y stori '*Ac yno o'm blaen roedd y plentyn rhyfeddaf a welais i erioed ...*' Dyma rai pethau i'ch helpu:

  * ble welsoch chi'r plentyn? O ble y daeth?

  * pa adeg o'r dydd oedd hi?

  * oeddech chi eich hun?

  Disgrifiwch y plentyn yn fanwl. Datblygwch y stori i ddweud beth sy'n digwydd nesaf a cheisiwch gael diwedd diddorol i'ch stori.

- Lluniwch sgwrs ddychmygol rhyngoch chi ac unrhyw aelod o'r teulu ar ôl ichi ddweud wrthyn nhw eich bod am wneud rhywbeth peryglus.

- Ysgrifennwch ddyddiadur dychmygol am ddiwrnod yn y gofod. Cewch ddefnyddio'r wybodaeth sydd yn yr uned yma i'ch helpu i sôn am bethau oeddech yn eu gwneud yn ystod y dydd. Ceisiwch ddychmygu hefyd:

  * rai o'r pethau oedd i'w gweld o'r llong ofod;

  * rhai o'r sgyrsiau neu wybodaeth gawsoch gan yr orsaf reoli ar y ddaear.

Gweithgareddau Darllen

- Darllenwch am drychinebau ddigwyddodd:

  *   ar fôr;

  *   ar dir neu o dan ddaear;

  *   yn yr awyr neu'r gofod

    e.e.   suddo'r 'Royal Charter' neu'r 'Titanic';

    damwain y 'Challenger';

    damwain trên neu awyren.

- Gwnewch gasgliad o hanesion trychinebau ar draws y byd drwy chwilio amdanyn nhw yn y papurau dyddiol. Paratowch lyfr dosbarth o'r rhain.

- Chwiliwch mewn llyfrau, neu ar y We, am wybodaeth am deithiau i'r gofod, er enghraifft, *Cychwyn Teithio i'r Gofod'* – Gwasg y Dref Wen; *'Teithio i'r Gofod'* – Llyfr Gwyddonydd Ifanc.

- Darllenwch am bobl sy'n dweud iddyn nhw weld ymwelwyr o'r gofod ar ein planed ni. Mae llawer yn dweud eu bod wedi gweld pethau od yn hedfan yn yr awyr (UFO).

uned 4

Ffrindiau

Beth sy'n gwneud ffrind da?

🙂 Mae ffrind da bob amser yn gwneud i chi deimlo'n hapus.

🙂 Mae llawer o hwyl i'w gael gyda ffrind.

🙂 Nid yw ffrind da byth yn troi yn eich erbyn.

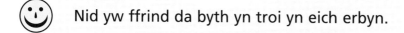

🙂 Mae'n eich helpu pan ydych mewn trwbwl.

🙂 Mae ffrindiau bob amser yn rhannu popeth gyda chi.

🙂 Os oes gennych gyfrinach, bydd ffrind da yn ei chadw a byth yn dweud dim wrth neb.

🙂 Yn aml iawn mae eich ffrind yn hoffi yr un pethau â chi – yr un math o ddillad, yr un tîm pêl-droed, yr un grŵp pop.

🙂 Bydd ffrind da yn ffrind i chi am byth.

Mae bechgyn gan amlaf yn ffrindiau gyda bechgyn, a merched yn ffrindiau gyda merched

Dyma beth sydd gan ferched i'w ddweud am fod yn ffrindiau gyda bechgyn

Fyddwn i ddim yn dewis bachgen yn ffrind gorau. Mae bechgyn yn rhedeg o gwmpas ac yn bod yn wirion drwy'r amser. Does dim sgwrs gall i'w gael ganddyn nhw.

Pêl-droed a gemau cyfrifiadur ydy popeth gan fechgyn. Ychydig iawn maen nhw'n siarad gyda'i gilydd am bethau eraill.

Mae'n well bod yn ffrindiau gyda merch arall. Mae merched yn hoffi'r un math o bethau.

Mae bechgyn yn ymladd gyda'i gilydd weithiau ac yn gas iawn. Dydw i ddim yn hoffi hynny o gwbl.

Dyma beth sydd gan fechgyn i'w ddweud am fod yn ffrindiau gyda merched

Fyddwn i byth yn dewis merch yn ffrind. Byddai'r bechgyn yn chwerthin am fy mhen.

Mae merched fel arfer yn ffrindiau gyda chriw bychan. Mae bechgyn yn chwarae pêl-droed neu rygbi gyda'i gilydd mewn criw mawr. Mae pob un o'r criw yn ffrindiau gyda'i gilydd.

Mae merched yn cerdded o gwmpas yr ysgol yn siarad drwy'r amser – mae hynny'n ddiflas iawn. Mae gemau bechgyn yn llawer mwy cyffrous.

Yn aml iawn mae merched yn cweryla gyda'i gilydd ac yn peidio â bod yn ffrindiau am amser hir. Mae hyn yn wirion iawn.

Ffrindiau gorau

Roedd Wyn a Gareth yn ffrindiau gorau. Roedden nhw'n byw ar yr un stryd, ac wedi gwneud popeth gyda'i gilydd ers pan oedden nhw'n fach.

Dechreuodd y ddau yn yr ysgol gyda'i gilydd ac roedden nhw wedi bod yn yr un dosbarth drwy'r ysgol gynradd.

Roedden nhw'n cefnogi'r un tîm rygbi, sef Abertawe, ac yn chwarae i dîm rygbi lleol gyda'i gilydd.

A dweud y gwir roedd y ddau yn gwneud popeth gyda'i gilydd, ac yn adnabod ei gilydd yn dda iawn.

Nid oedd yn anodd, felly, i Gareth sylwi bod rhywbeth yn bod ar Wyn pan oedden nhw'n cerdded adref o'r ysgol un prynhawn. Dyma'r sgwrs fu rhwng y ddau:

Gareth: Beth sy'n bod, Wyn? Rwyt ti'n dawel iawn.

Wyn: Dim.

Gareth: Dim? Mae rhywbeth yn bod, rwy'n gwybod.

Wyn: Alla i ddim dod i'r ymarfer rygbi nos yfory.

Gareth: Pam? Ti ydy'r cyntaf i gyrraedd fel arfer.

Wyn: Alla i ddim dod, does gen i ddim 'sgidie rygbi.

Gareth: Beth? Roedd gen ti rai newydd yr wythnos diwethaf.

Wyn: Does gen i ddim 'sgidie nawr, iawn?

Gareth: Ble maen nhw?

Wyn: Wyt ti'n addo peidio dweud wrth neb?

Gareth: Ydw, siwr iawn.

Wyn: Rydw i wedi colli un ohonyn nhw.

Gareth: Beth? Sut?

Wyn: Wn i ddim. Ar ôl yr ymarfer yr wythnos diwethaf roeddwn wedi eu rhoi yn fy mag yn barod i fynd. Pan gyrhaeddais gartre dim ond un esgid oedd yn y bag.

Gareth: Wyt ti wedi dweud wrth dy fam?

Wyn: Beth wyt ti'n feddwl? Mae'r 'sgidie rygbi 'na wedi costio llawer i Mam. All hi ddim fforddio prynu rhai eraill i mi. Bydd rhaid i mi ddweud wrthi bod gen i boen yn fy mola heno er mwyn cael peidio mynd i'r ymarfer.

Gareth: A beth fydd dy esgus di yr wythnos nesaf? Bydd rhaid i ti ddweud wrth dy fam siwr iawn. Wnaiff hi ddim dy fwyta di. Mi ddo i gyda thi os wyt ti eisiau. Alla i hyd yn oed ddweud wrthi hi os hoffet ti.

Wyn: Paid â dweud wrthi hi. Ti ydy fy ffrind gorau, ac rwyt wedi addo peidio dweud wrth neb.

Gareth: Mae ffrindiau i fod i helpu ei gilydd hefyd, cofia. Os na fyddi di yn dweud wrth dy fam yn fuan, fyddi di byth yn gallu dod i ymarfer rygbi. Byddi di'n colli dy le yn y tîm. Beth bynnag, nid yw'n iawn i ti fod yn dweud celwydd wrth dy fam. Paid â bod yn wirion, Wyn.

Wyn: Rwy'n gwybod dy fod yn iawn Gareth, ond alla i ddim.

Gareth: Wn i beth wnawn ni. Tyrd i'r ymarfer rygbi heno ac fe gei di fenthyg fy hen 'sgidie rygbi i. Fe gawn edrych yn ofalus yn yr ystafell newid rhag ofn dy fod wedi anghofio dy esgid yno. Os nad ydym yn gallu dod o hyd iddi, mi ddo i gyda thi i weld dy fam, olreit?

Wyn: Olreit, Gar, diolch i ti. Wn i ddim beth fuaswn i'n ei wneud hebddot ti.

Gareth: Wyt ti'n teimlo'n well nawr?

Wyn: Ydw.

Gareth: Oes gwên i gael felly?

(Wyn yn gwenu)

Aeth y ddau i ddal y bws.

Trafod y Testun

- Beth ydy barn y gwahanol blant ar ddechrau'r uned am yr hyn sy'n gwneud ffrind da? Beth ydy eich barn chi?

- Beth mae'r merched yn ddweud am fechgyn yn yr uned? Ydych chi'n cytuno gyda nhw? Cofiwch sôn am beth sydd yn y testun wrth drafod.

- Beth mae'r bechgyn yn ddweud am ferched yn yr uned? Ydych chi'n cytuno gyda nhw? Cofiwch sôn am beth sydd yn y testun wrth drafod.

- Ar ôl i chi ddarllen 'Ffrind gorau', siaradwch am y ddeialog. Dywedwch:
  * beth sy'n digwydd yn y ddeialog;
  * sut mae teimladau Wyn yn newid yn y ddeialog;
  * sut mae Gareth yn helpu Wyn.

- Beth ydy eich barn chi am yr uned **Ffrindiau**? Siaradwch am yr uned fel grŵp. Soniwch am:
  * eich hoff ran;
  * y lluniau – ydyn nhw'n addas?
  * unrhyw ran yr hoffech chi ei newid.

Pwyntiau Trafod Pellach

- Siaradwch fel grŵp am eich ffrindiau a sut fath o bethau fyddwch chi'n hoffi eu gwneud gyda'ch gilydd.

- Siaradwch gyda'r grŵp am y tro y gwnaethoch ffraeo neu gweryla gyda'ch ffrindiau.

- Beth fyddai eich ymateb i'r gosodiadau yma:

  *   'Mae bechgyn yn rhedeg yn wyllt o gwmpas y lle yn meddwl am ddim ond pêl-droed a chyfrifiaduron'

  *   'Dydy merched yn gwneud dim ond cerdded o gwmpas yn sôn am grwpiau pop a dillad'

  *   'Mae pobl yn iawn i feddwl mai gemau i fechgyn ydy pêl-droed a rygbi'

- Trafodwch fel grŵp eich amser chwarae chi yn yr ysgol a'r hyn ydych chi'n ei weld yn digwydd. Beth mae'r merched a'r bechgyn yn ei wneud?

- Mae rhai llyfrau darllen yn apelio mwy at fechgyn na genethod yn ôl rhai pobl. Beth ydy eich barn chi am hyn? Sut fath o lyfrau sydd yn apelio atoch chi?

Gweithgareddau Ysgrifennu

- Ysgrifennwch bortread o un o'ch ffrindiau. Cofiwch ddisgrifio:

  * sut mae'n edrych;

  * sut berson ydy ef neu hi;

  * beth sydd yn ei (g)wneud yn ffrind mor dda.

- Mae pennaeth eich ysgol wedi dweud nad oes pêl-droed yn cael ei chwarae yn yr ysgol am ddau fis! Mae pobl sydd yn byw yn ymyl yr ysgol yn cwyno bod peli yn mynd i'w gerddi o hyd.

  * ysgrifennwch lythyr yn gofyn i'r pennaeth ail feddwl.

- Rydych chi'n byw wrth ymyl yr ysgol.

  * ysgrifennwch lythyr yn diolch i'r pennaeth am wneud penderfyniad mor gall.

- Roedd llythyr yn eich papur newydd lleol yr wythnos diwethaf yn dweud mai yn y cartref y dylai merched fod yn gofalu am y tŷ. Lle dynion ydy mynd allan i weithio. Ysgrifennwch lythyr at eich papur newydd lleol yn cytuno neu yn anghytuno gyda'r llythyr.

- Ysgrifennwch stori yn dwyn y teitl *'Ffrind am Byth'*.

  Meddyliwch am:

  * pwy yw'r ffrind yn y stori - ffrind dychmygus, aelod o'r teulu;

  * beth sydd mor arbennig am y ffrind yma;

  * beth mae'r ffrind yn ei wneud yn y stori.

Gweithgareddau Darllen

- Edrychwch ar gylchgronau bechgyn a merched. Sut maen nhw'n ceisio apelio at y darllenydd? Rhowch sylw i:

  * glawr y cylchgrawn;

  * y lliwiau a'r lluniau sydd yn y cylchgrawn;

  * y ffordd maen nhw wedi cael eu gosod;

  * y gwahanol erthyglau;

  * sut fath o iaith sy'n cael ei ddefnyddio ynddyn nhw.

- Chwiliwch mewn llyfrau barddoniaeth am gerddi'n sôn am ffrindiau. Darllenwch rai ohonyn nhw ar goedd i'r grŵp, gan ddweud pam rydych yn eu hoffi, neu ddim yn eu hoffi.

- Gweithiwch gyda phartner. Darllenwch y ddeialog 'Ffrindiau Gorau', un ohonoch i gymryd rhan Wyn a'r llall i gymryd rhan Gareth. Wedi i chi ymarfer, perfformiwch y ddeialog i'r ddosbarth.

- Petaech chi'n cael dewis unrhyw gymeriad allan o lyfr yn ffrind gorau i chi, pwy fyddech chi'n ei ddewis? Pam? Dywedwch ychydig o hanes y cymeriad wrth y grŵp.

Hen ac Ifanc

Faint ydy eich oed chi?

Hefin – 10 oed

Rydw i ym mlwyddyn 6 yn yr ysgol gynradd. Mae'n braf bod yn y dosbarth hynaf yn yr ysgol achos mae pawb yn meddwl eich bod yn cŵl. Rydw i wrth fy modd yn gwylio teledu, chwarae pêl-droed a gemau cyfrifiadur. Mae Mam a fi yn ffrindiau mawr, ond mae hi'n dal i ddisgwyl i mi roi cusan iddi cyn cychwyn i'r ysgol yn y bore, hyd yn oed pan mae fy ffrindiau yn disgwyl amdanaf yn y drws! Dydw i ddim yn edrych ymlaen at fynd i'r ysgol uwchradd – fi fydd y lleiaf bryd hynny. Bydd rhaid disgwyl yn hir i fod yn y dosbarth hynaf eto.

Roeddwn yn arfer gweithio yn y banc, ond rwyf wedi ymddeol ers pum mlynedd. Mae gennyf ddigon o amser nawr i wneud fel y mynnaf. Rwy'n hoffi garddio, a darllen y papur newydd, ac rwy'n mynd i nofio ddwy waith yr wythnos i gadw'n heini. Ond fi sy'n dewis pa bryd i wneud pob dim, nid y cloc! Rwyf i a'r wraig yn cael teithio'n rhad ar fws a thrên nawr ein bod yn bensiynwyr. Dydw i ddim yn teimlo fy oed, a dweud y gwir, rwy'n dal i feddwl mai tua 40 oed ydw i weithiau! Byddaf yn helpu fy ngwraig i ofalu am blant fy mab weithiau. Mae'r plant yn fywiog iawn. Maen nhw'n fy nghadw i'n ifanc!

Gwyn – 65 oed

Rydw i'n fam i dri o blant bach ac yn gweithio'n rhan amser yn y llyfrgell yn y dref. Mae'n waith caled bod yn fam, coeliwch fi. Dydw i ddim yn stopio o fore gwyn tan nos – gwneud bwyd, golchi dillad, smwddio, siopa, glanhau. Hefyd mae angen mynd â phlant i'r ysgol, y cylch meithrin, gwersi nofio – mae bywyd yn ras wyllt! Dydw i'n cael dim amser i fwynhau fy hun neu fynd allan gyda ffrindiau fel roeddwn i'n gwneud pan oeddwn yn iau. Rydw i'n mynd i'r gwaith i gael gorffwys! Ond peidiwch â nghamddeall i, dwi'n caru'r plant yn fawr, fyddwn i byth am fod hebddyn nhw. Mae bywyd yn newid wrth i chi fynd yn hŷn, dyna'r cwbl.

Meleri – 34 oed

Alla i ddim disgwyl i fod yn oedolyn. Chaiff neb ddweud wrthyf beth i'w wneud bryd hynny. Gobeithiaf gael mynd i'r coleg neu weithio'n bell o gartref. Byddwn wrth fy modd yn rhannu fflat neu dŷ gyda'm ffrindiau – mae byw gartref mor ddiflas. Mae Mam yn dweud wrthyf am glirio fy ystafell, Dad yn dweud wrthyf am droi'r miwsig i lawr, y ddau yn mynnu fy mod yn dod adref erbyn 10 o'r gloch, hyd yn oed ar y penwythnos! Maen nhw mor hen ffasiwn! Mae'r athrawon yn yr ysgol yr un fath – 'Cofiwch eich gwaith cartref; dim colur yn yr ysgol; dim gwisgo sgert rhy gwta; dim trainers.' Rydw i'n meddwl eu bod nhw i gyd yn genfigennus am ein bod ni'n ifanc a hwythau'n rhy hen!

Anwen – 15 oed

'Non! Wyt ti wedi gorffen tacluso bellach?' daeth llais Mam o waelod y grisiau.

'Bron iawn,' atebodd Non. Roedd yn gorwedd ar ei gwely yn darllen cylchgrawn am ei hoff grŵp pop, gyda'r ystafell o'i chwmpas yn edrych yn ofnadwy. Roedd dillad ar y llawr, ei desg yn bapurau ac yn llyfrau dros y lle, a'r gadair bren yng nghornel yr ystafell ar goll o dan bob math o ddillad a phwy a ŵyr beth arall. Nid oedd wedi tacluso dim.

Clywodd sŵn traed ei thad yn dod i fyny'r grisiau. 'O na,' meddai wrthi ei hun, 'dyma ni eto ...'

Agorodd y drws.

'Beth ydy peth fel hyn?' taranodd ei thad. 'Mae dy fam wedi gofyn i ti dacluso cyn swper ... mae'r lle yma fel twlc mochyn. A beth am dy waith cartref di? Heb ei ddechrau, mae'n debyg. Wn i ddim beth ddaw ohonot ti, Non. Mae Mam a finnau yn gwneud ein gorau ...'

'Gorau?' gwaeddodd Non yn ôl. 'Gwneud eich gorau i bigo arna i a gweld bai arna i am bopeth, efallai.'

'Paid â bod mor ddigywilydd, Non. Nawr, tacluso! Bydd bwyd ar y bwrdd ymhen chwarter awr!'

Diflannodd Dad, gan roi clep ar y drws.

Eisteddodd Non ar y gwely. Roedd yn ddeuddeg oed ac wedi cael llond bol ar ei rhieni.

Pam bod rhaid i rieni fod fel hyn drwy'r amser? Yn ffysian am bethau gwirion fel tacluso, gwaith cartref, peidio bod yn ddigywilydd. 'Fydda i ddim fel'na pan fydda i'n hen,' meddyliodd.

Roedd pawb yn ddigon tawel dros swper. Ceisiai Mam a Dad sgwrsio am beth roedden nhw wedi ei wneud yn ystod y dydd. Bu Dad yn gweithio yn y swyddfa a

Mam yn siopa a glanhau.

'Grêt,' meddyliodd Non. 'Difyr a chyffrous iawn.'

Ar ôl swper, bu Mam yn smwddio a Dad yn darllen y papur newydd.

Cofiodd Non am y llythyr oedd wedi dod o'r ysgol heddiw. 'Efallai mai nawr ydy'r amser i ofyn,' meddai wrthi ei hun.

'Mam a Dad,' dechreuodd, 'rydyn ni wedi cael llythyr o'r ysgol heddiw yn gofyn a oes rhai plant eisiau mynd ar drip i Lundain gyda'r ysgol am dair noson. Byddwn yn cael gweld pob math o leoedd enwog a hefyd yn cael mynd i weld sioe gyda'r nos. Ga i fynd?'

'Beth am "os gwelwch yn dda"?' meddai Mam.

'Faint mae'n gostio? Pa athrawon sy'n mynd gyda chi?' gofynnodd Dad.

Ochneidiodd Non. 'Pam na allwch chi ddweud 'Iawn Non, mi gei di fynd i Lundain,' fel rhieni plant eraill? Pam yr holl gwestiynau yma o hyd? Mae'n costio cant wyth deg o bunnoedd. Mr Davies a Mrs Evans sy'n dod gyda ni. Ga i fynd, os gwelwch yn dda?' meddai yn sbeitlyd.

'Os wyt ti'n siarad fel'na, na chei,' meddai Dad. 'Mae'n rhaid i ti newid dy ffordd a dechrau ymddwyn yn gwrtais, Non. Mae'n rhaid i ti brofi i ni dy fod yn ddigon hen a chyfrifol i ni allu gadael i ti fynd.'

'Dydy hynny ddim yn deg,' gwaeddodd Non a rhedeg i fyny i'w hystafell wely. Rhoddodd glep ar y drws, taflu ei chylchgrawn ar y llawr a gorwedd ar y gwely. Trodd y peiriant CD ymlaen yn uchel.

Drannoeth yn yr ysgol roedd pawb yn siarad am y trip i Lundain. Roedd rhai yn cael mynd, rhai ddim, ac roedd rhieni rhai plant angen amser i feddwl am y peth.

Dywedodd Mr Davies wrthynt eu bod angen gwybod yn iawn ymhen wythnos.

'Reit,' meddai Non wrthi ei hun, 'Miss Perffaith o hyn ymlaen.'

Y noson honno a'r dyddiau dilynol bu Non yn angel o ferch. Bu'n gwrtais gyda Mam a Dad, cadwodd ei hystafell yn daclus a gwnaeth ei gwaith cartref mewn pryd. Bu'n helpu Mam wneud y swper hyd yn oed! Nid oedd rhaid iddi gael neb yn gweiddi arni, roedd Dad yn garedig wrthi ac roedd Mam a hithau yn cael hwyl wrth sgwrsio yn y gegin.

Erbyn y penwythnos roedd hwyl dda ar bawb a phenderfynodd Dad eu bod yn cael diwrnod i'r brenin. Aeth y tri ohonynt i siopa, ac yna i fowlio deg ac i gael pryd o fwyd, gan fwynhau eu hunain yn fawr.

'Wyddost ti beth, Non?' meddai Dad yn y car ar y ffordd adref. 'Mae bywyd yn llawer haws heb gweryla am bethau bach gwirion. Rwy'n gwybod dy fod yn meddwl bod dy fam a finnau yn henffasiwn ac yn ddiflas, ond rydym yn meddwl y byd ohonot ti, ti'n gwybod.'

Roedd yn rhyfedd gan Non, ond roedd yn cytuno gyda Dad. Doedd hi ddim wedi cytuno gydag ef ers misoedd! Roedd y dyddiau diwethaf wedi bod yn braf iawn, nawr bod y tri ohonynt yn ffrindiau unwaith eto.

'Mam, Dad,' meddai. 'Dydy hi ddim yn hawdd bod yn ddeuddeg oeg , ond rydw i'n gwneud fy ngorau.'

'Mae Dad a minnau wedi bod yn blant erstalwm cofia,' meddai Mam. 'Amser maith yn ôl! A byddi dithau yn fam dy hun ryw ddiwrnod efallai.'

'A thithau'n fam-gu,' gwenodd Non.

Chwarddodd y tri dros y car.

'Mam ... Dad,' meddai Non, 'Ydych chi wedi penderfynu am y trip Llundain ...?'

Hen Ffrindiau

Hen ffrindiau
yn eistedd gyda'i gilydd
ar goll o dan eu cotiau
a'u capiau
a'u sgarffiau.
Gwylio'r byd yn gwibio heibio
a disgwyl am yr haul.

Hen ffrindiau
yn eistedd ar un hen sedd
bob dydd
ymhob tywydd
yn rhannu eu newydd,
yn cofio hanesion,
a hel atgofion.
Y dail o'u cwmpas
yn chwythu ...
chwyrlïo ...
disgyn ...
Daeth yr hydref.
Ble'r aeth yr haul?

Hen ffrinidau
yn eistedd yn dawel,
teimlo'r gaeaf yn yr awel.
Y ddau, fel lluniau llonydd,
yn aros am yr haul.

Stella Gruffydd

Trafod y Testun

● Ar ddechrau'r uned mae pobl o wahanol oedran yn sôn am eu teimladau. Siaradwch am y rhain. Beth yw'r prif wahaniaethau rhwng Hefin, Gwyn, Meleri ac Anwen?

● Ar ôl darllen y stori *'Tyfu'*, siaradwch am:

* beth sy'n digwydd yn y stori;

* y ffordd mae Non yn ymddwyn;

* perthynas Non a'i rhieni, a sut mae'n newid;

* sut ydych chi'n meddwl y bydd y stori'n gorffen;

* ydych chi'n meddwl y bydd pawb yn parhau'n ffrindiau?

● Beth ydych chi'n ei feddwl am y gerdd *'Hen Ffrindiau'*? Siaradwch am:

* beth mae'r ddau ffrind yn ei wneud;

* y berthynas rhwng y ddau ffrind;

* unrhyw eiriau sy'n creu effaith yn eich barn chi;

* unrhyw batrymau odli yn y gerdd;

* unrhyw ailadrodd sy'n digwydd yn y gerdd;

* pam mae'r bardd yn sôn am hydref a gaeaf yn y gerdd;

* eich barn am y gerdd.

● Mae Hefin yn sôn am symud i'r ysgol uwchradd ar ddechrau'r uned hon. Beth fyddai orau gennych chi, bod yr hynaf mewn ysgol gynradd neu'r ieuengaf mewn ysgol uwchradd?

Pwyntiau Trafod Pellach

- Beth fyddech chi'n hoffi ei wneud ar ôl tyfu – efallai yr hoffech wneud gwaith arbennig neu deithio i rywle arbennig? Siaradwch gyda'r grŵp am eich teimladau.

- Ydych chi'n meddwl bod oedolion yn deall plant yn dda, neu ydyn nhw'n rhy henffasiwn?

- Fyddwch chi'n anghytuno gyda'ch rhieni weithiau? Efallai eich bod yn teimlo eich bod yn gorfod mynd i'r gwely yn rhy gynnar, neu efallai nad ydych yn cael digon o arian poced. Soniwch wrth y grŵp am eich profiadau a'ch teimladau.

- Ydych chi'n edrych ymlaen i fod yn rhyw oedran arbennig? Dywedwch wrth y grŵp sut ydych yn teimlo.

- Yn y wlad hon, ni chewch ddysgu gyrru car hyd nes eich bod yn 17 mlwydd oed. Ydy'r oedran yma'n addas? Trafodwch gan roi rhesymau dros eich barn.

- Trafodwch fel grŵp pa oedran sydd yn addas ar gyfer gwneud y canlynol:
    * cerdded i'r ysgol ar eich pen eich hun;
    * croesi'r ffordd ar eich pen eich hun;
    * aros noson yn nhŷ ffrind;
    * mynd ar y bws i'r dref;
    * aros yn y tŷ ar eich pen eich hun;
    * mynd allan gyda'r nos i'r sinema neu ddisgo.

Gweithgareddau Ysgrifennu

- Ysgrifennwch eich teimladau am fod yr oedran rydych chi nawr. Beth ydych chi'n ei hoffi, neu ddim yn hoffi amdano?

- Ysgrifennwch ddisgrifiad o berson yn eich teulu sydd yn hŷn neu yn iau na chi. Disgrifiwch:
  * sut mae'n edrych;
  * sut berson ydyw;
  * eich teimladau tuag at y person yma.

- Yn y stori 'Tyfu' mae Non a'i rhieni yn cweryla cryn dipyn am wahanol bethau. Ysgrifennwch ddeialog rhwng Non a ffrind iddi yn dweud ei hanes hi a'i rhieni a thrafod y trip i Lundain.

- Ysgrifennwch gwestiynau ar gyfer holi pobl am sut beth ydy bod yn hen.

- Gwnewch gasgliad o luniau o bobl a phlant o wahanol oedrannau. Ysgrifennwch ychydig frawddegau da i ddisgrifio sut maen nhw'n symud.

- Oes gennych chi le arbennig yr ydych chi'n hoffi mynd iddo, un ai ar eich pen eich hun neu gyda ffrindiau? Ysgrifennwch amdano.
  * disgrifiwch y lle yn fanwl a rhowch resymau dros hoffi'r lle.

Gweithgareddau Darllen

- Edrychwch mewn cylchgronau plant a phobl a gwnewch gasgliad o erthyglau neu eitemau fyddai'n apelio at bobl o wahanol oedrannau, er enghraifft,

  * gwraig 35 oed;

  * bachgen 15 oed;

  * gŵr 50 oed;

  * gwraig 70 oed;

  * merch 8 oed.

  Rhowch reswm bob tro dros eich dewis.

- Chwiliwch mewn llyfrau am ddisgrifiadau o bobl o wahanol oedrannau, er enghraifft,

  * disgrifiad o hen wraig;

  * disgrifiad o ŵr cryf, cyhyrog;

  * baban bach.

- Chwiliwch mewn llyfrau barddoniaeth am gerddi sy'n sôn am bobl a phlant o wahanol oedran, neu wahanol aelodau o'r teulu. Gwnewch gasgliad ohonyn nhw ar dâp, neu mewn llyfr dosbarth.

- Chwiliwch yn llyfrgell eich dosbarth/ysgol am lyfr gwybodaeth addas ar gyfer Hefin, Gwyn, Meleri ac Anwen. Rhowch resymau dros eich dewis.

Sut mae 'sgwennu

Dewis llyfr

Pan fyddwch chi'n sefyll ynghanol siop lyfrau neu lyfrgell, ydych chi erioed wedi meddwl sut mae'r holl lyfrau wedi cyrraedd y silffoedd?

Pan fyddwch yn darllen yn yr ysgol neu gyda'ch traed i fyny yn eich cartref, ydych chi'n ystyried yr holl waith sydd wedi digwydd i wneud yn sicr eich bod chi yn mwynhau'r llyfr sydd yn eich llaw?

Mae'r uned yma, gobeithio, yn mynd i wneud i chi feddwl ychydig am sut mae llyfrau yn cael eu creu a'u mwynhau ar hyd a lled Cymru.

Dyma ddywedodd rai plant am sut oedden nhw'n dewis llyfrau.

'*Y clawr sydd yn tynnu fy sylw i gyntaf. Mae'n rhaid iddo fod yn lliwgar a diddorol.*'

'*Mi fydda i yn chwilio am lyfrau gan fy hoff awduron. Rydw i'n siwr o fwynhau eu llyfrau nhw.*'

'*Mi fydda i bob tro yn darllen y broliant ar gefn y llyfr i gael syniad am beth mae'r llyfr yn sôn.*'

'*Mae'n well gen i lyfrau ffeithiol a llyfrau cwis. Does gen i ddim llawer o 'fynedd gyda storïau.*'

'*Mae fy ffrindiau yn dweud wrtha i weithiau am lyfr da maen nhw wedi ei fwynhau. Bydda innau wedyn yn ei ddarllen. Os ydyn nhw'n casáu'r llyfr, yna fydda i ddim yn ei ddarllen 'chwaith.*'

'*Bydd ein hathrawes yn darllen llyfrau i ni yn y dosbarth weithiau. Os fydda i wedi mwynhau gwrando arni'n darllen mi fydda i yn darllen y llyfr fy hun.*'

'*Fy hoff lyfrau i ydy llyfrau sydd â lluniau da ynddyn nhw – mae hyn yn helpu llawer ar y darllenydd i ddeall y stori'n well ac yn gwneud y llyfr yn fwy diddorol.*'

Myrddin ap Dafydd

Mae Myrddin ap Dafydd yn ysgrifennu barddoniaeth ar gyfer oedolion a phlant.

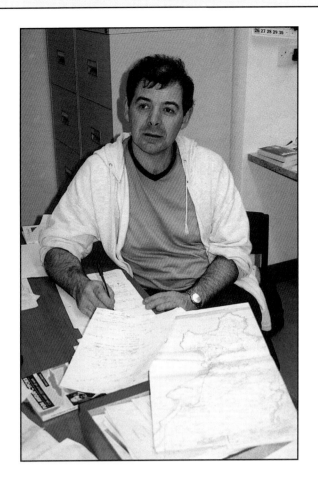

Dywedwch rywfaint wrthym am eich cefndir.

Cefais fy magu yn Nyffryn Conwy. Roedd fy rhieni yn cadw siop lyfrau Cymraeg yn Llanrwst, ac felly roedd llyfrau yn rhan bwysig iawn o'm mhlentyndod. Euthum ymlaen o Ysgol Dyffryn Conwy, Llanrwst, i Goleg Prifysgol Cymru, Aberystwyth, ac yna dychwelyd i'm tref enedigol i sefydlu Gwasg Carreg Gwalch, lle'r ydw i'n dal i weithio. Rydw i bellach yn byw yn Llwyndyrus, ym Mhen Llŷn ac rydw i'n briod gyda phedwar o blant.

Sut fyddwch chi'n mynd ati i ysgrifennu cerdd?

Geiriau sy'n rhoi syniad am gerdd i mi fel arfer – clywed rhywbeth yn cael ei ddweud mewn sgwrs yn amlach na pheidio. Yna mi fydda i'n troi syniad yn fy meddwl cyn dechrau hel geiriau yn domen flêr ar bapur.

Pa mor hir mae'n gymryd i chi ysgrifennu un gerdd?

Gall syniad gymryd amser hir iawn i ffurfio, ond unwaith y dechreua i ysgrifennu bydd gennyf ddrafft cyntaf o fewn awr neu ddwy fel arfer.

Ble fyddwch chi'n ysgrifennu?

Ymhobman! Mi fydda i'n sgriblo syniadau ar gefn amlen neu bwt o bapur fel y bydd y syniadau yn fy nharo. Ond mae'r ysgrifennu o ddifrif yn digwydd yn fy swyddfa mewn hen feudy yn Llwyndyrus.

Oes gennych chi amser arbennig o'r dydd ar gyfer ysgrifennu?

Fel arfer mae mwy o flas ar ysgrifennu yn gynnar yn y bore nag yn hwyr yn y nos.

Faint o newidiadau fyddwch chi'n eu gwneud i'ch gwaith cyn y byddwch chi'n hapus gyda'r gerdd?

Ar ôl ysgrifennu'r drafft cyntaf, mi fydda i'n ei ailwampio ac yna yn ei deipio. Byddaf yn chwynnu'r gerdd o dro i dro wedyn cyn iddi gael ei chyhoeddi.

Oes yna rai cerddi rydych chi wedi mwynhau eu hysgrifennu yn fwy na'i gilydd?

Mae cerddi yn rhyw fath o ddyddiadur imi ac mae profiadau gwerthfawr yn perthyn i bob un, ond mae'n siwr bod rhywun yn cael mwy o flas nag arfer ar sgwennu ambell un. Mi fyddai *Swper Blin* a *Tro Gwael ar yr A470* yn ffitio'r disgrifiad hwnnw.

Pa ysgrifenwyr eraill sydd wedi dylanwadu arnoch chi?

T. Llew Jones yn y Gymraeg. Darllen ei lyfrau ef yn blentyn roddodd flas ar ddarllen i mi. Rydw i hefyd yn hoff o waith beirdd Saesneg fel Charles Causley, Roger Mc Gough a Michael Rosen.

Oeddech chi'n mwynhau trin geiriau pan oeddech chi'n ifanc?

Ar wahân i waith ysgol, roedden ni fel plant yn cadw dyddiadur pythefnos bob haf o'n gwyliau ar gyfandir Ewrop. Mi fu'r dyddiaduron yn gymorth i mi sylwi a chofnodi fy mhrofiadau fy hun.

Sut ddechreuoch chi ymddiddori mewn ysgrifennu i blant?

Ar ôl ennill cadair yr Eisteddfod Genedlaethol am gerdd am enedigaeth fy mab, Carwyn, cefais wahoddiad i fynd i ysgolion a dw i'n meddwl mai dyna pryd y teimlais yr angen i ysgrifennu i blant. A hefyd, wrth i fy mhlant fy hun dyfu, rydw i'n sylweddoli beth sy'n rhoi pleser iddyn nhw.

Myrddin ap Dafydd

ennu sut mae 'sgwennu sut

Margiad Roberts

Mae Margiad Roberts yn ysgrifennu straeon ar gyfer oedolion a phlant.

Dywedwch rywfaint wrthym am eich cefndir.

Cefais fy magu ar ffarm Bryn Efail Isaf, Garndolbenmaen, ger Porthmadog. Wedi bod yn Ysgol Uwchradd Eifionydd, bûm yng Ngholeg Prifysgol Cymru, Aberystwyth. Rydw i bellach yn wraig ffarm yn byw yn Llangwnnadl, ym Mhen Llŷn, ac rydw i'n briod gyda phedwar o blant.

Sut fyddwch chi'n mynd ati i ysgrifennu stori?

Mae'r rhan fwyaf o'r syniadau yn dod o'm profiad i o fywyd bob dydd, efallai'n brofiadau rydw i'n eu cofio fel plentyn neu'n rhai diweddar.

Pa mor hir mae'n gymryd i chi ysgrifennu stori?

Mae'n amrywio. Gall gymryd rhwng pythefnos a mis o'r dechrau i'r diwedd. Mae rhai storïau yn haws i'w hysgrifennu nag eraill.

Ble fyddwch chi'n ysgrifennu?

Mae gen i fwrdd arbennig. Hen fwrdd crwn yn y gegin wrth ochr y Rayburn, lle mae'n gynnes. Mae'r bwrdd wedi gweld dyddiau gwell, ond yno bydda i'n gweithio bob amser. Yn y gaeaf bydda i'n rhoi planced dros fy nghoesau i nghadw'n gynnes fel hen wraig! Ond alla i ddim canolbwyntio os bydda i'n oer.

Oes gennych chi amser arbennig o'r dydd ar gyfer ysgrifennu?

Oes – pan mae'r plant yn yr ysgol! Mi fydda i'n cychwyn ysgrifennu tua deg yn y bore tan tua phedwar yn y prynhawn.

Faint o newidiadau fyddwch chi'n eu gwneud i'ch gwaith cyn y byddwch yn hapus gyda'r stori?

Mi fydda i'n ysgrifennu drafft cyntaf ar bapur fel arfer ac yna'n mynd ymlaen i'w theipio. Mi fydda i wedyn yn ail edrych ac yn gwneud nifer o newidiadau cyn y bydda i'n hapus gyda'r gwaith. Rydw i'n gwneud mwy o ddefnydd o'r cyfrifiadur wrth ysgrifennu nag yr oeddwn i, ac erbyn hyn yn cychwyn teipio stori'n syth heb ei hysgrifennu ar bapur gyntaf.

Oes yna stori rydych wedi mwynhau ei hysgrifennu yn fwy na'i gilydd?

O ran y storïau rydw i wedi eu 'sgwennu i blant, 'Meic Moto Beic' o gyfres Tecwyn y Tractor. Roedd y syniad am y stori yn dda ac roedd yr ysgrifennu'n dod yn hawdd. Cefais lawer o bleser wrth ei 'sgwennu. Weithiau mae'n anodd cael stori i weithio'n dda ac mae'n cymryd amser maith i rywun frwydro i'w chael yn iawn. Ond nid felly 'Meic Moto Beic'.

Pa ysgrifenwyr eraill sydd wedi dylanwadu arnoch chi?

Fel plentyn doeddwn i ddim yn darllen rhyw lawer a dweud y gwir. Roeddwn i wrth fy modd allan yn y caeau o gwmpas y fferm ac o gwmpas yr ardal yn cyfarfod gwahanol bobl. Wrth wrando ar bobl leol a gwahanol aelodau o'r teulu yn siarad ac yn adrodd storïau y dysgais i sut i ysgrifennu, dwi'n meddwl. Dyna oedd y dylanwad mwyaf arnaf fel ysgrifenwraig.

Oeddech chi'n mwynhau trin geiriau pan oeddech chi'n ifanc?

Roeddwn wrth fy modd yn gwrando ar hwiangerddi ac yn gwirioni ar eiriau Roeddwn yn mwynhau sŵn geiriau a gwrando ar bobl yn siarad. Roeddwn yn hoffi siarad a meddwl am eiriau yn hytrach na'u 'sgwennu nhw. Yn ddiweddarach yn fy mywyd y daeth yr awydd i 'sgwennu.

Sut ddechreuoch chi ymddiddori mewn ysgrifennu i blant?

Pan gefais i blant fy hun, am wn i. Roeddwn yn dweud storïau wrthyn nhw amser gwely am bethau oedd yn rhan o'u bywyd nhw ar fferm wledig. Dyna sut ddechreuodd Tecwyn y Tractor. Rydw i'n dal i fwynhau ysgrifennu i blant. Rydw i'n ymweld ag ysgolion i weithio gyda phlant ar 'sgwennu. Mae'n gwneud byd o les i mi fel awdur. Mae'n fy nghadw i mewn cysylltiad gyda nghynulleidfa ac yn golygu fy mod yn adnabod eu hanghenion nhw. Mae hyn yn help mawr pan fyddaf yn 'sgwennu ar eu cyfer.

Margiad Roberts

Beth sy'n digwydd i lyfr ar ôl i awdur ei gwblhau?

Y cam nesaf wedyn ydy paratoi'r llyfr ar gyfer yr argraffwyr.

Arlunio

Mae'r lluniau sydd yn cael eu cynnwys mewn llyfr yn bwysig iawn. Maen nhw'n helpu'r awdur drwy ddod â chymeriadau'n fyw ar gyfer y darllenwyr, ac yn ychwanegu lliw a diddordeb mewn llyfr.

Weithiau mae awduron ac arlunwyr yn gweithio gyda'i gilydd ar greu llyfr; dro arall mae'r arlunydd yn gwneud ei waith wedi i'r awdur orffen.

Golygu

Mae popeth sydd yn mynd i gael ei argraffu yn gorfod cael ei olygu, sef cael person i ddarllen dros y gwaith yn ofalus iawn, iawn i wneud yn siŵr bod pob gair wedi ei sillafu yn gywir, ac nad oes dim camgymeriadau yn y gwaith o gwbl. Unwaith mae'r gwaith yn cael ei argraffu nid oes modd newid unrhyw gamgymeriad – mae yn y llyfr i bawb ei weld!

Cysodi

Y cysodwr sydd yn gosod y gwaith ar gyfer ei argraffu neu ei brintio. Ar gyfrifiadur mae'r gwaith yma yn cael ei wneud y dyddiau hyn. Mae angen gosod pob tudalen yn ofalus, gan fesur yn union faint o le fydd yr ysgrifennu a'r lluniau yn eu cymryd ar bob tudalen.

Argraffu

Mae'r gwaith wedyn yn cael ei anfon i'r argraffdy lle mae peiriannau arbennig yn argraffu'r llyfr fesul tudalen. Yna, mae'r tudalennau yn cael eu torri i'r maint cywir ac mae'r llyfr wedyn yn cael ei roi at ei gilydd.

Bellach mae'r llyfr yn barod i'w werthu.

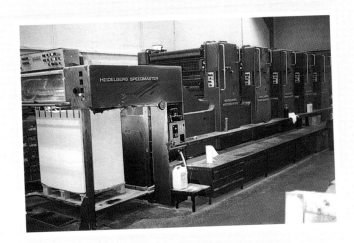

Marchnata

Nid yw'r gwaith yn gorffen ar ôl yr argraffu. Mae angen sicrhau bod y llyfr yn gwerthu'n dda yn y siopau, felly mae angen cynllunio sut i farchnata'r llyfr. Golyga hyn hysbysebu'r llyfr drwy ddefnyddio posteri neu hysbysebu mewn cylchgronau.

Gellir hefyd ddefnyddio 'flyers', sef pamffledi bychan sydd yn cael eu rhoi mewn cylchgronau, eu hanfon i ysgolion neu lyfrgelloedd.

Mae hyn yn gadael i bobl wybod bod y llyfr ar fin cyrraedd y siopau. Efallai y bydd yr awdur yn chwarae rhan yn y marchnata drwy gael cyfweliadau ar y radio, y teledu neu mewn cylchgronau yn sôn am gynnwys y llyfr newydd.

Yn dilyn hyn oll, gobeithio bydd y llyfr yn cyrraedd y darllenwr ac yn cael ei fwynhau.

Trafod y Testun

- Yn 'Sut mae 'sgwennu?' mae plant yn sôn am sut maen nhw'n dewis llyfrau. Siaradwch am hyn fel grŵp. Ydych chi'n cytuno neu anghytuno?

- Wedi i chi ddarllen y cyfweliadau gyda Myrddin ap Dafydd a Margiad Roberts, siaradwch am yr hyn yr ydych wedi ei ddysgu amdanyn nhw fel pobl ac ysgrifenwyr:

  * beth sy'n debyg yn y ddau;

  * beth sy'n wahanol yn y ddau.

  Mae'r un cwestiynau wedi eu gofyn i'r ddau.

  Edrychwch yn fanwl ar atebion y ddau i bob cwestiwn wrth drafod eich atebion.

- Beth ydy'r broses o greu llyfr ar gyfer ei werthu wedi i'r awdur orffen ei ysgrifennu? Defnyddiwch y wybodaeth yn 'Sut mae 'sgwennu?' i drafod hyn fel grŵp.

Pwyntiau Trafod Pellach

● Pa fath o lyfr sydd yn apelio atoch chi? Soniwch wrth y grŵp am lyfr rydych wedi ei fwynhau yn ddiweddar. Cofiwch sôn am:

    *   deitl ac awdur y llyfr;

    *   cynnwys y llyfr yn fras;

    *   eich rhesymau dros fwynhau'r llyfr.

● Ydych chi'n mwynhau ysgrifennu? Ydych chi'n mwynhau ysgrifennu rhai ffurfiau yn well na'i gilydd, er enghraifft, efallai bod yn well gennych ysgrifennu cerdd na stori. Soniwch wrth y grŵp am eich teimladau am ysgrifennu.

● Ydych chi'n hoffi darllen barddoniaeth? Siaradwch gyda'r grŵp am eich barn.

● Os oes gennych hoff gerdd, rhowch gopi bob un i aelodau'r grŵp ac esboniwch wrthyn nhw pam rydych yn ei hoffi. Gall gweddill y grŵp roi eu barn hefyd.

● Paratowch sgwrs i'w rhoi i'ch dosbarth am eich hoff lyfr, eich hoff awdur neu'ch hoff gerdd.

● Beth am fynd o gwmpas yn holi plant eich dosbarth am eu hoff awdur, cerdd, nofel, stori neu ddrama, gan holi am resymau dros eu dewis.

Gweithgareddau Ysgrifennu

- Meddyliwch am awdur y byddech chi'n hoffi ei gyfweld. Ysgrifennwch gwestiynau ar gyfer y cyfweliad.

- Meddyliwch am gymeriad o lyfr sydd wedi gwneud argraff arnoch. Ysgrifennwch gwestiynau yr hoffech ofyn i'r cymeriad mewn cyfweliad.

- Ysgrifennwch adolygiad o unrhyw lyfr neu gerdd yr ydych wedi ei fwynhau yn ddiweddar.

- Efallai bod awdur yn byw yn eich ardal chi. Beth am ysgrifennu ato neu ati yn estyn gwahoddiad iddo/iddi ymweld â'ch ysgol i sôn am ei waith/gwaith?

- Beth am e-bostio'r adolygiadau yr ydych yn eu hysgrifennu i'ch ffrindiau, neu i blant mewn ysgol arall. O gysylltu â sawl ysgol, buan iawn fyddai gennych gasgliad da o adolygiadau ar eich cyfrifiadur.

- Mae plant yn hoffi stori gyda chymeriad hoffus. Beth am i chi geisio creu cymeriad fel 'Tecwyn y Tractor' ac ysgrifennu stori amdano/amdani ar gyfer plant Blwyddyn 1 a 2 yn eich ysgol? Gallwch greu llyfrau ar eu cyfer ar y cyfrifiadur.

Gweithgareddau Darllen

- Ewch i ddarllen 'Swper Blin' a 'Tro Gwael ar yr A470' gan Myrddin ap Dafydd. Pam ydych chi'n meddwl ei fod wedi mwynhau eu hysgrifennu cymaint?

- Darllenwch rai o lyfrau 'Tecwyn y Tractor' gan Margiad Roberts. Pam ydych chi'n meddwl bod plant yn mwynhau'r storïau cymaint?

- Ewch i chwilio am gerddi gwahanol sy'n sôn am brofiadau rydych chi wedi eu cael. Gwnewch gasgliad o tua chwech ohonyn nhw ar gyfer eu trafod gyda grŵp o blant, neu efallai roi sgwrs i'r dosbarth amdanyn nhw.

- Beth am gael 'awdur y mis' neu 'awdur y tymor' yn eich dosbarth? Gallwch wneud casgliad o'u llyfrau mewn man arbennig yn y dosbarth er mwyn i bawb gael darllen eu gwaith.

- Paratowch ar gyfer darllen darn o'ch hoff nofel, eich hoff gerdd neu stori i'r dosbarth. Bydd angen i chi ymarfer ar gyfer sicrhau eich bod yn darllen yn effeithiol.

- Beth am roi eich hoff storïau neu gerddi ar dâp fel bod casgliad gennych yn y dosbarth? Mae taflen i'ch helpu i recordio eich gwaith yng nghefn y llyfr.

- Beth am helpu plant yn Adran Babanod eich ysgol drwy roi rhai o lyfrau eu dosbarth ar dâp?

Y Môr

PENILLION AR LAN Y MÔR

Ar lan y môr mae rhosys cochion,
Ar lan y môr mae lilis gwynion,
Ar lan y môr mae nghariad inne,
Yn cysgu'r nos a chodi'r bore.

Ar lan y môr mae carreg wastad,
Lle bûm yn siarad gair â'm cariad,
O amgylch hon fe dyf y lili,
Ac ambell sbrigyn o rosmari.

Hen benillion ydy'r rhain sy'n sôn am lan y môr. Nid ydym yn gwybod pwy ydy'r bardd sydd wedi eu hysgrifennu. Cael eu canu mae'r penillion yma fel arfer. Efallai eich bod yn gwybod y dôn.

Mae'r bardd, Mihangel Morgan, wedi ysgrifennu parodi ar y penillion yma.

Ar lan y môr mae tuniau rhydlyd,
Ar lan y môr mae sbwriel hefyd,
Ar lan y môr mae bagiau plastig,
Ac olew du ar garreg lithrig.

Ar lan y môr mae gwylan gelain
Fu'n hedfan ar adenydd buain:
Yn awr mae'n gorwedd ar y tywod,
Ymhlith y baw a'r holl ffieidd-dod.

Mihangel Morgan

('*Sach Gysgu yn Llawn o Greision*' – Myrddin ap Dafydd; Gwasg Carreg Gwalch, 2000)

Cysgu Mae'r Môr

Cysgu mae'r môr
dan flanced y nos —
ymestyn at erchwyn y traeth,
anadlu'n ysgafn,
crynu, ysgwyd,
sibrwd, sisial yn ei gwsg.
Ssh! Ssh!
troi a throsi,
trosi a throi,
a gwymon yn gorwedd fel breuddwydion
ar wyneb y dŵr dulas.

Zohrah Evans

Stori'r Gragen

Codais gragen wag o'r tywod,
Llais y môr oedd ynddi hi,
Llais y môr yn isel sibrwd
Ei hen hanes wrthyf fi.

Ebe'r llais o fewn y gragen,
'Obry dan y tonnau gwyrdd
Y mae llongau Sbaen yn pydru
'Rheini'n llawn trysorau fyrdd.

'Cistiau derw'n llawn o berlau
Ac o aur San Salfadôr,
Yn fodrwyau a choronau,
Tan y gwymon yn y môr.

'Y mae gerddi heirdd a lliwgar
Dan y tonnau gleision draw;
Cwrel ydyw'r mur o'u cwmpas,
Blodau'r môr sydd ar bob llaw.

'A ddoi di ryw ddydd i hawlio'r
Holl drysorau sydd yn stôr
Dan y tonnau dwfn, aflonydd?'
Ebe'r gragen wag o'r môr.

Rhoddais hi i Megan wedyn,
Ac fe'i daliodd wrth ei chlust,
Ond ni chlywodd hi, serch hynny,
Ddim ond cwyn y tonnau trist.

T. Llew Jones

('Penillion y Plant': Gomer: 1990)

Clychau Cantre'r Gwaelod

O dan y môr a'i donnau
Mae llawer dinas dlos,
Fu'n gwrando ar y clychau
Yn canu gyda'r nos;
Trwy ofer esgeulustod
Y gwyliwr ar y tŵr
Aeth clychau Cantre'r Gwaelod
O'r golwg dan y dŵr.

Pan fyddo'r môr yn berwi
A'r corwynt ar y don,
A'r wylan wen yn methu
Cael disgyn ar ei bron;
Pan dyr y don ar dywod,
A tharan yn ei stŵr,
Mae clychau Cantre'r Gwaelod
Yn ddistaw dan y dŵr.

Ond pan fo'r môr heb awel
A'r don heb ewyn gwyn,
A'r dydd yn marw'n dawel
Ar ysgwydd bell y bryn,
Mae nodau pêr yn dyfod,
A gwn yn eithaf siŵr
Fod Clychau Cantre'r Gwaelod
I'w clywed dan y dŵr.

J.J.Williams

Ynys

Ers i'r hen long fawr suddo
A'm gadael yn fan hyn
Mae pob dydd yn un heulog
Ac mae fy myd yn wyn.

'Does, yma, ddim gwaith cartref,
Dim gwersi, diflas, maith,
Na gorfod bwyta crystiau,
Na chodi'n gynnar chwaith.

'Does yma ddim oedolion
Yn dweud eu dweud o hyd,
Dim cwyno mod i'n ddiog,
Dim 'cysga nawr!'- dim byd.

Dim ond y môr a minnau,
Dim rhew, dim cotiau glaw
Dim ond y tywod cynnes,
A dyddiau di-ben-draw.

Ond nid yw popeth difyr
Yn parhau'n wych o hyd,
Daeth rhywun yma neithiwr
A chwalu'r hwyl i gyd.

Daeth yma'n wlyb diferyd,
A llyfr yn ei law,
A beirio yn ei boced
Wel wir, mi ges i fraw!

A bellach mae'r hen ynys
Ym môr y Caribî
Yn gartref, bychan, diflas
I'r athro Maths a mi!

Mei Mac

78

Trafod y Testun

- Edrychwch yn fanwl ar y ddwy gerdd 'Ar lan y môr'. Beth sydd yn debyg, neu yn wahanol, yn y ddwy. Edrychwch yn ofalus ar:

  * y cynnwys;   * yr odl;

  * y geiriau;   * rhythm.

- Sut oedd awduron y ddwy gerdd yn teimlo pan oedden nhw'n ysgrifennu'r cerddi 'Ar lan y môr'?

- Yn y gerdd 'Cysgu mae'r môr', mae'r bardd yn defnyddio geiriau sy'n ymwneud â chwsg, megis blanced, i greu'r ddelwedd o'r môr fel rhywun yn cysgu. Fedrwch chi ddod o hyd i ragor ohonyn nhw? Beth ydych chi'n feddwl o'r gerdd?

- Wedi i chi ddarllen 'Stori'r Gragen', soniwch am:

  * yr hyn mae'r bardd yn ei glywed yn y gragen;

  * beth sydd i'w weld o dan y môr yn ôl y bardd

  * yr ansoddeiriau mae'r bardd yn eu defnyddio

- Wedi i chi ddarllen 'Clychau Cantre'r Gwaelod', trafodwch:

  * beth sy'n cael ei ddisgrifio ym mhob pennill;

  * unrhyw batrwm rhythm neu odl a welwch.

- Wedi i chi ddarllen 'Ynys' trafodwch:

  * beth mae'r bachgen yn ei fwynhau am fyw ar yr ynys, a sut mae hyn yn cael ei ddifetha;

  * ym mha bennill mae newid yn digwydd yn y gerdd;

  * y gwahaniaeth rhwng y bennill gyntaf a'r olaf.

- O'r holl gerddi yn yr uned 'Y Môr' pa un yw'r gorau gennych? Cofiwch roi rhesymau dros eich dewis a defnyddio darnau o'r cerddi i gefnogi eich barn.

Pwyntiau Trafod Pellach

- Mae Zohrah Evans yn personoli'r môr yn ei cherdd 'Cysgu Mae'r Môr'. Trafodwch pa anifeiliaid all y môr fod pan mae'n dawel neu'n stormus. Sut eiriau fyddech chi'n eu defnyddio i'w ddisgrifio?

- Yn y gerdd 'Stori'r Gragen' nid yw Megan yn gallu clywed llawer wrth wrando ar y gragen. Petaech chi'n rhoi'r gragen wrth eich clust, beth fyddech chi'n ei glywed neu'n ei weld tybed? Siaradwch am hyn gyda'r grŵp.

- Mae llygredd yn cael effaith ofnadwy ar fywyd yn y môr. Beth ydych chi'n ei wybod am hyn? Sut fyddech chi'n meddwl bod modd rhwystro llygredd rhag digwydd?

- Beth ydy eich barn chi am bobl sy'n protestio yn erbyn llygru'r môr? Maen nhw weithiau yn gwneud pethau peryglus iawn fel ceisio rhwystro llongau mawr rhag cario deunydd llygredig ar y môr. Ydyn nhw wir yn helpu, ynteu pobl sy'n hoffi peryglu bywyd pobl eraill ydyn nhw?

- Petaech chi'n gorfod mynd i fyw ar ynys bell am flwyddyn ar eich pen eich hun, pa dri pheth fyddech chi'n mynd gyda chi? Rhowch resymau pam.

Gweithgareddau Ysgrifennu

- Lluniwch gymariaethau i orffen y brawddegau:

  * Suai'r awel fel ...

  * Roedd wyneb y môr yn llyfn fel ...

  * Edrychai'r ewyn fel ...

  * Tasgai'r gwymon fel ...

  * Rhuodd y corwynt fel ...

- Gwnewch gasgliad o eiriau addas ar gyfer disgrifio'r môr.

- Fuoch chi ar lan y môr ar ddiwrnod stormus? Lluniwch gerdd, gan ddilyn patrwm 'Cysgu Mae'r Môr' yn cychwyn gyda 'Deffro Mae'r Môr ...'

- Ysgrifennwch ddarn o ryddiaith yn disgrifio'r môr:

  * ar ddiwrnod braf yn yr haf;

  * ar ddiwrnod gwyntog, oer;

  * yn y nos, pan mae'n dawel.

- O dan y dŵr mae miloedd o greaduriaid yn byw. Ysgrifennwch ddarn dychmygol o safbwynt pysgodyn, morfil, morlo neu unrhyw greadur sy'n byw yn y môr, gan ddweud sut mae llygredd yn cael effaith ar eich bywyd.

- Mae J. J. Williams yn dychmygu ei fod yn gallu clywed clychau Cantre'r Gwaelod yn canu ambell dro. Defnyddiwch chithau eich dychymyg i ysgrifennu disgrifiad o Gantre'r Gwaelod.

  * sut le sydd yno?

  * beth sydd ar ôl yno heddiw?

  * oes clychau yno?

Gweithgareddau Darllen

- Chwiliwch am gerddi am y môr. Ceisiwch ddarganfod cerddi ar ffurfiau gwahanol, er enghraifft, hwiangerdd, englyn, cerdd sy'n odli, cerdd rydd. Gwnewch gasgliad ohonyn nhw mewn llyfryn chwaethus.

- Chwiliwch am hanes Cantre'r Gwaelod mewn llyfr. Darllenwch yr hanes yn fanwl, ac yna ceisiwch ail ddweud yr hanes yn eich geiriau eich hun wrth blant eich dosbarth, neu ar dâp.

- Darllenwch eich hoff gerdd yn ofalus ar gyfer ei rhoi ar dâp o gasgliad o gerddi'r môr. Mae taflen yng nghefn y llyfr i'ch helpu.

- Yn eich tro, darllenwch eich hoff gerdd i'r grŵp, ac wedyn rhowch resymau dros eich dewis.

- Chwiliwch a darllenwch am ragor o chwedlau yn ymwneud â'r môr neu lynnoedd, er enghraifft, Chwedl Llyn y Fan, Chwedl Llyn y Dywarchen, Chwedl Llys Helyg.

Fflach – ac fe ddiffoddodd y golau!

Dydd Mawth, 1af Awst, 1961

"You shouldn't have come,' meddai, 'I'm going to kill you.'

'Don't be silly. Who are you? What are you doing here? What's your name?'

'Roedd y gwn yn anelu'n syth at fy wyneb i. Cyn i mi fedru symud dim, roedd o wedi tanio. Roedd o'n union fel tase rhywun wedi lluchio rhawied o dân i 'ngwyneb i.

Cof bach s'gynna i wedyn, ond rydw i'n cofio mod i ar fy nglinie a bod ne sŵn rhuo yn fy nghlustie i, ac eto, ynghanol y rhuo roeddwn i'n clywed sŵn fel tap yn diferu – drip, drip, drip. Rôn i'n gwanhau a dw i'n cofio meddwl, "dyma'r diwedd" ... a'r peth nesa glywes i oedd lleisie.

Ddydd Gwener dw i'n cofio mod i'n dod ataf fy hun ... ac yn dechre cofio beth oedd wedi digwydd ac yn ceisio teimlo fy wyneb efo fy nwylo a'r cwbl fedrwn i deimlo oedd gwaelod fy ngên a'r pwythau'n tynnu yn fy ngheg i ...

Roedd hi'n dywyll iawn arna i'r adeg hynny a geiriau'r doctor – **"You'll never see again,"** – yn ailadrodd eu hunen yn fy mhen i.'

Addasiad o 'Mae'r Dall yn Gweld' gan Enid Wyn Baines,
Gwasg Pantycelyn, Caernarfon
tudalennau 79, 80 ac 82

84

Cafodd P.C. Arthur Rowlands ei ddallu ar 1 Awst, 1961. Newidiwyd ei fywyd am byth pan saethwyd ef gan Robert Boynton, gŵr oedd yn dioddef o nam ar ei feddwl ac yn benderfynol o wneud difrod i'r heddlu. Bu Boynton yn byw'n wyllt am ryw dair blynedd gan ladrata er mwyn byw.

O fod yn ŵr cryf, abl, oedd wrth ei fodd yn chwarae pêl-droed, yn dad i ddau o blant ifanc, Carol a Gareth, fe newidiwyd bywyd Arthur Rowlands a'i deulu dros nos.

Gwobrwywyd Arthur Rowlands â'r *George Medal* am ei ddewrder ac ers yr adeg hynny mae wedi gweithio a mwynhau ei fywyd, ond roedd rhaid gwneud newidiadau amlwg, wrth gwrs. Cafodd ei alw'n arwr o achos yr hyn ddigwyddodd iddo, ond fyddai Arthur Rowlands ei hunan byth yn honni ei fod yn arwr.

Arthur Rowlands yn derbyn y Fedal George

Tybed sut mae Arthur Rowlands a'i deulu erbyn hyn? Wel, dewch inni ymweld ag ef yn ei gartref yng Nghaernarfon, a chlywed sut y llwyddodd i ymdopi â'i fywyd newydd yn y tywyllwch.

Mae Mr a Mrs Rowlands wedi byw yn ardal Caernarfon am flynyddoedd erbyn hyn.
Wedi iddo golli ei olwg, bu mewn ysbytai am amser maith ac yna fe dreuliodd wyth mis yn dysgu sgiliau newydd fel teipio a gweithio fel teleffonydd. Yna, bu'n gweithio ar y switsfwrdd ym mhencadlys yr heddlu yng Nghaernarfon.

Pa fath o bethau anghyffredin neu annisgwyl wnaethoch chi ar ôl i chi golli'ch golwg?

Wel, rydw i wedi gyrru car ers hynny! Ond nid mewn man cyhoeddus, wrth gwrs. Roeddem angen car newydd a chyn ei brynu, fe es i a'm ffrind i faes awyr Mona, ar Ynys Môn. Fy ffrind oedd yn gyrru'r car, wrth reswm, ond ar y maes awyr fe ges i fynd y tu ôl i'r olwyn. Roedd stribed y maes awyr yn glir a hollol syth, a hithau'n ddiwrnod heulog braf. Dyma finnau'n cychwyn gyrru, a'm ffrind yn rhoi cyfarwyddiadau eglur i mi. Fe es ati'n ddigon naturiol i yrru'r car, a sŵn yr injan yn dweud wrthyf pryd i newid gêr. Ond yn sydyn dyma'r ffrind yn cychwyn gweiddi nerth ei ben. 'Arafa, da thi, Arthur!' Er bod gennyf 'run syniad pam, dyma arafu a gofyn pam. 'Mae wedi dod yn niwl tew,' dywedodd, 'dydw i'n gweld dim o gwbl!' A dyma finnau'n troi ato a dweud, heb feddwl, 'Wel, fel arfer y fi sy'n deud hynny, nid y ti!'

Mi lwyddais hefyd i gerdded llwybrau mynyddoedd Gogledd Cymru dros y blynyddoedd. Roedd yn rhaid i mi gael help cerddwyr profiadol i wneud hynny.

Rydw i wrth fy modd yn pysgota ers pan ron i'n blismon, roedd hi'n braf cael dianc am ychydig oriau i dawelwch y wlad. Wedi i mi golli fy ngolwg roedd hi'n bwysicach fyth mod i'n cael dianc bob yn hyn a hyn. Doedd gweithio ar switsfwrdd ddim yn fy ymestyn yn gorfforol, ac roedd cael bod yng nghwmni ffrind neu ddau ar lan afon yn tawelu'r meddwl.

Fu dim angen i chi ddibynnu ar ffon wen i'ch helpu i fynd o gwmpas yn hir?

Naddo'n wir, bûm yn ffodus o gael ci tywys, Ooloo oedd ei henw, *Alaskan Malamute* oedd hi, ac roedd pawb yn gwirioni arni, roedd hi'n anarferol o hardd ac urddasol, a'i chôt flewog llwyd a gwyn. Roedd natur ffeind ganddi. Fe roddodd Ooloo annibyniaeth imi. Roedden ni'n dau'n gallu mynd i'r gwaith yn swyddfa'r heddlu a chychwyn ail fyw bywyd heb ddibynnu'n llwyr ar bobl eraill.

A beth am y cŵn tywys eraill fu'n rhan o'ch teulu dros y blynyddoedd?

Ar ôl Ooloo, daeth Ulay, ci *Alsatian* pur, yna Davey, *Labrador,* yna Raffles. Maen nhw i gyd yn eu tro wedi bod yn aelodau ffyddlon iawn o'n teulu.

Mae gennych gi newydd yn awr. Beth ydy ei enw?

Oes, mae Carl, *Golden Retriever* wedi ei groesi gyda *Labrador,* gen i ers tri mis bellach. Mae ganddo natur annwyl iawn ac rydyn ni'n dod i adnabod ein gilydd. Rydyn ni'n ffrindiau da'n barod.

Roeddech chi'n bêl-droediwr da pan oeddech yn ifanc. Ydych chi'n parhau i fod â diddordeb mewn pêl-droed?

Mi fydda i'n gwrando ar gemau ar y radio'n gyson, ond erbyn hyn mae gennyf fwy o ddiddordeb mewn mynd i'r stadiwm newydd i weld Cymru'n chwarae rygbi. Mi fydda i'n mynd i'r Alban hefyd, i Murrayfield bob yn hyn a hyn. Mae Gareth, y mab, yn un da iawn am fod yn ohebydd personol i mi, ac mae Brian, gŵr Carol, yn ohebydd da hefyd, nhw ydy'n llygaid i!

Beth ydych chi'n feddwl o Stadiwm y Mileniwm yng Nghaerdydd?

Wel, mae'n od bod yno. Mae'r awyrgylch yn wahanol iawn i Barc yr Arfau. Mae'n debyg mai'r to sy'n gwneud y gwahaniaeth. Mae yna eco i'w glywed rhywsut. Mae'n siŵr y dôf i arfer â hynny mewn amser. Un peth braf ydy bod y grisiau'n ddigon llydan i ddau ohonom gyd-gerdded gyda'n gilydd i'n seddau.

Mae gennych chi hiwmor ffraeth. Fu hynny'n help i chi?

Do, mae'n siŵr. Does dim posib byw bywyd llawn heb hiwmor a chwerthin. Rwy'n cofio'r adeg pan ddaeth hen wraig ataf yng nghanol tref Caernarfon. Roedd Olive, fy ngwraig, wedi taro i siop a minnau'n disgwyl amdani. Doedd y ci ddim gyda ni ar y pryd. Fe gydiodd y wraig yn fy mraich a'm hebrwng ar draws y ffordd yn ddiogel. Diolchais iddi am fod mor gymwynasgar, gan ofyn tybed fydda hi mor garedig â'm hebrwng yn ôl, gan mai ar ochr arall y ffordd yr oeddwn yn cyfarfod fy ngwraig!

87

Oes gennych chi gyngor i bobl a phlant? Sut ddylen ni helpu rhywun sy'n ddall?

Wrth gyfarfod â rhywun sydd wedi colli ei olwg, peidiwch â bod yn swil. Cofiwch ddweud pwy ydych chi a gofyn oes rhywbeth y gallwch ei wneud i helpu. Cofiwch ein bod ni 'run fath â chi. Tydy pobl anabl ddim gwahanol mewn gwirionedd. Peidiwch â gweiddi. Rydw i'n clywed yn iawn, fy ngolwg sydd wedi mynd, nid fy nghlyw!

Rydych wedi dysgu byw bywyd gwahanol iawn ers ichi golli eich golwg. Beth ydy'r prif bethau sy'n eich helpu?

Rydw i yn gorfod cofio yn dda – cofio sŵn lleisiau pobl, cofio lle mae gwahanol bethau yn y tŷ. Alla i ddim dibynnu ar restr i'n atgoffa fi o beth sy'n rhaid i mi ei ddweud neu ei wneud.

Rydw i hefyd yn dibynnu llawer ar fy nghlyw i adnabod lleisiau pobl, a sŵn lleoedd o'm cwmpas. Mae clywed cerddoriaeth a sgwrsio gyda phobl yn rhoi llawer o bleser i mi.

Peth arall rydw i wedi ei ddysgu ydy peidio â dal dig. Does yna ddim pwrpas i hynny. Doedd Robert Boynton ddim yn ei iawn bwyll pan wnaeth y pethau difrifol yna yn 1961. Tydy dal dig yn gwneud dim yn y diwedd. Nid dyna'r ffordd ymlaen.

Er ei bod yn nos arnoch bob amser, a chithau mewn tywyllwch, ydych chi'n gallu cofio lliwiau?

Ydw'n hollol eglur. Rydw i'n cofio'r lliwiau i gyd ac yn eu dychmygu'n aml; mae'r cof yn beth rhyfeddol iawn ac mae Olive yn un dda am ddisgrifio popeth i mi. Mi fydda

i'n breuddwydio'n gyson yn y nos – a hynny mewn lliw fel arfer! Pan fyddai'n deffro, weithiau mi fydda i newydd gicio pêl-droed – efallai sgorio gôl, pwy a ŵyr! Mae'r darluniau a'r lliwiau oll yn eglur iawn yn fy mreuddwydion, a chymaint o atgofion hapus i'w hail fyw.

Chafodd neb fwy o gefnogaeth cyson gan ei wraig, gan ei blant a'i wyrion. Mae'r teulu wedi bod yn gysur ac yn gefn i mi drwy'r blynyddoedd hir ac mae cwmni clos a charedigrwydd ffrindiau wedi gwneud bywyd yn dda.

Hydref 2000

Trafod y Testun

- Beth ddigwyddodd i newid bywyd Arthur Rowlands a pha bryd? Dywedwch yr hanes wrth weddill y grŵp yn eich geiriau eich hun.

- Pa fath o bethau anghyffredin mae Arthur Rowlands wedi eu gwneud er iddo golli ei olwg?

- Dywedwch beth rydych yn ei wybod am y cŵn sydd wedi helpu Arthur Rowlands dros y blynyddoedd.

- Beth ydy rhai o'r pethau anghyffredin mae Arthur Rowlands wedi llwyddo i'w gwneud, er iddo fod yn ddall?

- Mae Arthur Rowlands yn byw bywyd llawn iawn, er iddo golli ei olwg. Sut mae'n llwyddo i wneud hyn? Pa fath o bethau, neu bobl, sy'n ei helpu?

- Sut berson ydy Arthur Rowlands yn eich barn chi? Cyfeiriwch at y testun i roi rhesymau dros eich ateb.

- Mae sawl peth wedi helpu Arthur Rowlands i allu cario ymlaen i fyw ei fywyd ers iddo golli ei olwg. Enwch rai ohonyn nhw a rhowch resymau dros eich ateb.

- Pam ydych chi'n meddwl bod Enid Baines wedi rhoi'r teitl 'Mae'r Dall yn Gweld' ar ei llyfr am Arthur Rowlands?

Pwyntiau Trafod Pellach

- Sut effaith ydych chi'n meddwl gafodd dallineb Arthur Rowlands ar ei deulu?

- Beth am ystyried pa fath o berson ydy arwr? Fedrwch chi ddisgrifio beth sydd angen ar berson sy'n arwr? Enwch berson y byddech chi'n ei gyfri'n arwr.

- Pa newidiadau ydych chi'n meddwl oedd raid i Arthur Rowlands a'i deulu eu gwneud yn y cartref ar ôl iddo golli ei olwg?

- Ydych chi'n meddwl bod pobl anabl yn cael eu trin yn deg? Meddyliwch am y pethau bob dydd mae'n rhaid i rywun ei wneud, fel siopa er enghraifft, neu deithio ar fws neu drên. Sut help sydd ar gael i bobl sydd â gwahanol fathau o anabledd? Sut bethau fyddech chi'n eu cynnig i wella gwasanaethau cyhoeddus i bobl anabl?

- Nid yw bod yn anabl yn golygu eich bod yn da i ddim i neb ac angen cael eich trin yn wahanol. Trafodwch hyn fel grŵp.

Gweithgareddau Ysgrifennu

- Ysgrifennwch erthygl ar gyfer papur newydd yn adrodd hanes bywyd Arthur Rowlands. Mae digon o wybodaeth am ei fywyd yn yr uned hon. Soniwch am:

  * ei ddamwain a sut ddaeth ef a'i deulu i arfer â'i ddallineb;

  * y rhai o'r pethau mae wedi eu gwneud ers iddo golli ei olwg;

  * ei agwedd at fywyd;

  * eich barn chi amdano fel person.

- Efallai y gallwch wahodd person sy'n ddall neu'n anabl i'ch dosbarth i drafod ymhellach. Byddai angen trefnu'r ymweliad yn ofalus. Ysgrifennwch lythyr yn eu gwahodd i'ch dosbarth.

- Dychmygwch am eiliad sut beth ydy bod yn ddall. Ysgrifennwch am yr hyn y byddech chi'n golli ei weld pe byddech yn colli'ch golwg.

  * gwnewch restr o'r prif bethau yn gyntaf.

  * ysgrifennwch frawddegau yn esbonio pam y byddech yn eu colli.

  * cofiwch amrywio eich brawddegau wrth ysgrifennu.

- Mae sawl rheswm dros alw person yn arwr. Ysgrifennwch am arwr rydych chi'n ei adnabod. Cofiwch bod y rhai sy'n darllen eich gwaith angen gallu adnabod y person yn dda iawn erbyn diwedd y darn.

  * dywedwch pwy ydy'r person gan roi gwybodaeth am lle mae'n byw a.y.y.b.

  * dywedwch pam mae'n arwr i chi – rhowch ddigon o resymau yma.

  * gwnewch yn sicr bod diweddglo da gennych.

- Oes gennych chi hoff arwr mewn chwaraeon, neu gomic neu gartŵn? Ysgrifennwch ddisgrifiad ohono neu ohoni, heb ei enwi. Yna darllenwch y disgrifiad i'r dosbarth. Os ydy'ch disgrifiad yn ddigon da, yna byddan nhw'n siŵr o ddyfalu'n gywir.

Gweithgareddau Darllen

- Bu Arthur Rowlands a'i deulu a'i ffrindiau yn codi arian dros y blynyddoedd i hybu gwaith Cymdeithas Deillion Gogledd Cymru.

    * chwiliwch am gyfeiriad y Gymdeithas yn y Gogledd ac yn y De.

    * anfonwch at y Gymdeithas am wybodaeth bellach, neu chwiliwch am wybodaeth ar y We.

    * mae sefydliadau eraill yn gweithio dros y deillion. Ceisiwch eu darganfod a chysylltu â hwy am wybodaeth hefyd.

- Ewch ar y We, neu defnyddiwch lyfrau i ddod o hyd i wybodaeth am gŵn tywys. Chwiliwch am wybodaeth am y pwyntiau hyn:

    * ba fath o gŵn sy'n cael eu defnyddio;

    * faint mae'n ei gymryd i'w hyfforddi;

    * pwy sy'n eu hyfforddi;

    * pwy sy'n dewis i ble mae'r cŵn yn mynd;

    * ydy'r cŵn yn cyrraedd oedran lle maen nhw'n rhy hen i wneud y gwaith.

- Gofynnwch i'r cyngor lleol am bamffledi i'w darllen am y gwasanaethau i bobl anabl yn eich ardal chi.

- Chwiliwch am wybodaeth am bobl sydd yn gallu byw bywyd llawn er eu bod yn anabl, neu bobl sy'n gweithio'n galed i helpu'r anabl. Meddyliwch am bobl fel:

    * Helen Keller;

    * Louis Braille;

    * Christopher Reeve.

Newid Byd

Rhyfel Byd 1939 – 1945

Yn 1939 cychwynnodd yr Ail Ryfel Byd. Yr Almaen oedd y gelyn mawr. Trwy Brydain a gwledydd Ewrop newidiodd pethau bron dros nos. Daeth newid mawr yn ffordd pobl o fyw. Dyma rai o'r pethau fu'n rhaid eu gwneud.

Plant a phobl ifanc yn gorfod symud o'r trefi mawr i fyw i'r wlad at bobl doedden nhw erioed wedi eu gweld o'r blaen.

Roedd plant a phobl i fod i gario masg gyda nhw i bobman yn ystod y rhyfel. Roedd yn rhaid i bawb gario'r rhain rhag ofn i nwy gwenwynig gael ei ollwng gan awyrennau'r Almaen.

Pob cartref yn gorfod rhoi llenni tywyll iawn ar y ffenestri. Y 'blacowt' oedd yr enw ar hyn. Os oedd ychydig bach o olau i'w weld, yna byddai'r hawl gan blismon i ddod a gofyn i'r teulu roi gwell gorchudd ar y ffenestri.

Prinder Bwyd

Aeth bwyd yn brin iawn. Bu'n rhaid dogni'r bwyd. Cafodd pob person drwy'r wlad lyfr arbennig – y llyfr cwpon.

Yn hwn roedd tocynnau bwyd. Roedd enw, cyfeiriad, a dyddiad geni ar bob llyfr. Roedd pob tocyn neu gwpon wedi ei ddyddio a'i rifo. Os nad oedd gennych gwpon, yna doeddech chi ddim yn cael y bwyd. Dyma ffordd deg iawn o wneud yn siŵr bod pawb yn cael yr un faint o fwyd.

Ar ddechrau'r rhyfel dyma rai o'r bwydydd oedd yn cael eu dogni, a faint oedd pawb yn ei gael:

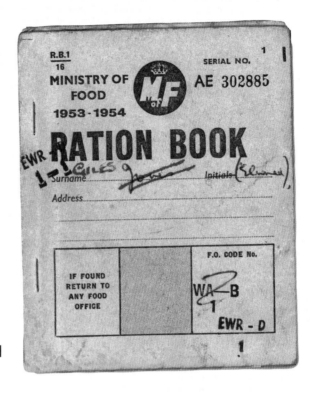

Llyfr Dogni

100g menyn
50g caws
100g margarîn
225g siwgr
225g jam
1 ŵy

Fel y gwelwch o'r tabl, ychydig iawn oedd person yn ei gael mewn wythnos. Aeth rhai bwydydd yn brin iawn, iawn. Dim ond 100g o fenyn neu fargarîn a 50g o de oedd person yn ei gael, a chyn lleied â 75g o losin/pethau da! Roedd wyau powdwr a llaeth powdwr ar gael ar gyfer coginio, ond doedd blas y bwyd ddim cystal wrth ddefnyddio'r powdwr.

Atgofion am y Rhyfel

Dyma ran o **gyfweliad** gyda bachgen ddaeth o Lerpwl i fyw ar gyrion tref yng Nghymru. Cafodd ei eni yn 1934. Daeth i Gymru yn 1941.

Faciwî oedd pobl yn galw'r plant a'r bobl oedd yn dod i fyw o'r trefi mawrion i'r ardaloedd gwledig.

Ble yn Lloegr roeddech chi'n byw?

Yn Lerpwl, yn Scotland Road. Ardal dlawd iawn o'r ddinas.

Beth ydych chi'n gofio am fyw yn Lerpwl?

Rydw i'n cofio tipyn o bethau gan fy mod yn saith oed yn gadael. Un o'r pethau rydw i'n gofio orau yw fy mod bob amser eisiau bwyd – o fore gwyn tan nos. Doedd byth ddigon o fwyd ar gael yn y tŷ.

Ydych chi'n cofio eich rhieni yn y cyfnod cyn y rhyfel?

Ydw, yn dda iawn. Roedden ni'n dlawd. Roedd mam a dad yn meddwl y byd ohonom ac yn ceisio rhoi y gorau allen nhw i mi a fy mrawd. Rydw i'n cofio mam yn crio sawl gwaith ar ôl iddi ddeall y byddai'n rhaid i'r ddau ohonom fynd i Gymru nes y byddai'r rhyfel ar ben.

Beth ydych yn ei gofio am Gymru?

Roedd yn gas gen i'r lle. Doeddwn i ddim yn deall yr iaith; roeddwn i a fy mrawd wedi cael ein gwahanu a doeddwn i ddim yn dod ymlaen yn dda o gwbl gyda'r wraig oedd yn edrych ar fy ôl.

Oedd eich mam a'ch tad yn cadw mewn cysylltiad â chi yn ystod y rhyfel?

Roedd mam yn anfon llythyr i mi bob wythnos. Mae'n amlwg eu bod wedi cael amser caled iawn. Bomiwyd y tŷ, a symudodd fy rhieni i fyw i Swydd Gaer.

Beth ddigwyddodd ar ôl y rhyfel?

Mi ddaeth mam a dad i fy nôl i a'm brawd. Wel, dyna falch oedden ni o weld ein gilydd. Cawsom ein dau fynd yn ôl i Swydd Gaer i'n cartref newydd, mewn pentref bychan yn y wlad. Roedd dad wedi cael gwaith yn gyrru lorri. Mi fuom ni'n hapus iawn yn byw yno mewn tŷ teras. Yno mae nhad a mam o hyd. Rydw i wedi mynd yn ôl i Lerpwl, yn gweithio mewn ffatri sy'n gwneud darnau i geir ac yn falch o gael bod yn ôl.

Atgofion am y Rhyfel

Dyma ran o **gyfweliad** gyda merch a ddaeth o Lundain i fyw mewn pentref gwledig. Cafodd ei geni yn 1938.

Ble yn Lloegr roeddech chi'n byw?

Yn Llundain, yn ardal Greenwich ar yr afon Tafwys. Ardal ddigon tlawd oedd hi bryd hynny.

Beth ydych chi'n gofio am fyw yn Llundain?

Dydw i ddim yn cofio llawer. Mi alla i gofio sŵn yr awyrennau a'r seirens a chofio mynd i gysgodi o dan y ddaear. Byddai llawer iawn o bobl yn dod yno. Pan fyddai'r perygl drosodd mi fyddai pawb yn mynd allan yn ôl i'r awyr agored, gan obeithio fod eu tai yn dal i sefyll ar ôl y bomio.

Beth ydych yn ei gofio am eich teulu?

Dim llawer, ond dwi'n meddwl efallai fod fy nhad wedi bod yn gweithio mewn ffatri.

Ydych chi'n cofio gadael Llundain?

Nac ydw. Cof prin iawn sydd gen i o hyn.

Beth ydych yn ei gofio gyntaf am ddod i Gymru?

Dwi'n cofio mai mynd i gartref plant wnes i a fy mrodyr i ddechrau. Wedyn y dois i at Mr a Mrs Jones pan oeddwn tua wyth oed. Doeddwn i ddim yn medru gair o Gymraeg! Doeddwn i'n deall neb yn siarad. Roedd Mr a Mrs Jones yn gwrthod siarad Saesneg! Doedden nhw erioed wedi gorfod siarad Saesneg. Ond gan fy mod i'n mynd i'r ysgol, chymrodd hi ddim yn hir i mi ddysgu Cymraeg, gan fod plant y pentref i gyd yn siarad yr iaith. Erbyn hyn rydw i'n ei chael yn anodd siarad Saesneg!

Beth ddigwyddodd i'ch dau frawd?

Aeth y ddau i gartrefi eraill, ond mi fyddwn yn gweld un ohonyn nhw yn yr ysgol.

Aethoch chi yn ôl i Lundain?

Naddo. Ddaeth neb i fy nôl, nac i nôl fy mrodyr ychwaith. Wn i ddim oedd rhywbeth wedi digwydd i fy rhieni – oedden nhw wedi eu lladd, ynteu doedden nhw ddim eisiau i ni fynd yn ôl. Ond mi fûm i yn lwcus iawn; cefais fy mabwysiadu gan Mr a Mrs Jones. Chafodd y bechgyn ddim eu mabwysiadu a mi fuon nhw'n symud o un lle i'r llall sawl gwaith.

Beth ddigwyddodd i'r faciwîs eraill ar ôl y rhyfel?

Aeth rhai yn ôl i'r dinasoedd, ond aeth rhai dramor efo'u teuluoedd. Roedd un ffrind i mi wedi mynd i gychwyn o'r newydd gyda'i rhieni yn Ne Affrica, ond chlywais i ddim ganddi ers blynyddoedd bellach. Mi fanteisiodd llawer o bobl ifanc oedd yn amddifad, heb deulu o gwbl ar ôl, ar gynnig y llywodraeth. Roedd deg punt i'w gael i adael Prydain, a mynd allan i Awstralia i gychwyn bywyd newydd yno. Dwi'n falch mai yma y deuthum – i bentref gwledig yng Nghymru. Erbyn heddiw dwi'n diolch na fu raid inni fynd yn ôl i Lundain – mi fyddai bywyd wedi bod mor wahanol.

'SAIS YDI O, MISS!'

BRENDA WYN JONES

Stori am blant yn ardal Bethesda yn ystod yr Ail Ryfel Byd sydd yn y llyfr 'Sais ydi o, Miss!' gan Brenda Wyn Jones.
Dyma beth o hanes Gracie, faciwî ddaeth i fferm y Foel ...

'Dydi hi ddim yn ein dallt ni'n siarad chwaith.'

'O, paid ti â phoeni am hynny. Fydd hi fawr o dro yn dysgu Cymraeg, wyddost ti. Dim ond i ni beidio dechrau troi i siarad Saesneg efo'n gilydd.'

'Mi glywais i hi'n crio ganol nos neithiwr hefyd.'

'Druan ohoni. Mi fydd yn cymryd amser iddi setlo i lawr, mae arna i ofn. Rhaid i ni gofio fod ei chartra yn Lerpwl yn wahanol iawn i fan'ma.'

* * *

Dyna'n union oedd yn mynd trwy feddwl Gracie wrth iddi syllu allan drwy'r ffenest ar y wlad dawel o'i blaen. Roedd yna ychydig o dai i'w gweld, ond yn bell, bell i ffwrdd. Mor wahanol oedd hyn i gyd i'w chartref yn Lerpwl. Gallai weld yn llygad ei meddwl y ddwy res hir o dai yn wynebu ei gilydd, a dim ond lôn gul rhyngddyn nhw. Yno roedd

popeth yn glos a chynnes, pawb yn adnabod pawb ac i mewn ac allan o dai ei gilydd drwy'r dydd. Pawb yn brysur, digon o sŵn a symud a chwerthin, a'r plant i gyd yn chwarae ar y stryd neu yn iard gefn un o'r tai.

Daeth pwl o hiraeth drosti wrth feddwl am hyn i gyd, ac am ei rhieni a'i brawd bach oedd yno o hyd ynghanol yr helynt. O, pam na ddaeth ei mam yma gyda hi? Llanwodd ei llygaid wrth gofio am ei brawd bach. Dim ond tair oedd oedd Jimmy, ac roedd hi'n meddwl y byd ohono. Beth petai bom yn disgyn ar y tŷ? Fyddai hi byth yn cael eu gweld nhw wedyn, ac fe fyddai'n rhaid iddi aros yn y lle ofnadwy yma am byth! Stwffiodd ei dwrn i'w cheg a chau ei llygaid yn dynn.

Ond os oedd bywyd wedi newid i Gracie, roedd pethau'n wahanol iawn i bobl yr ardal hefyd.

Dyma ran o'r llyfr sy'n disgrifio'r ofn oedd ar deulu'r Foel pan oedd awyrennau'r gelyn uwchben ...

Pan ganodd y seiren i rybuddio fod y gelyn ar ei ffordd, roedd pawb yn meddwl mai ar eu ffordd yn ôl o Lerpwl yr oedd awyrennau'r Almaen unwaith eto. Er hynny, roedd yn rhaid ufuddhau i'r rhybudd a mynd i gysgodi, rhag ofn. Rhedodd Robin a'i dad i'r tŷ o'r buarth a daeth Gwen i lawr y grisiau o'r llofft ar garlam.

'Dowch yn reit sydyn. Pawb o dan y bwrdd!' galwodd eu mam dros ei hysgwydd,

gan osod hen gôt dros y drych ar y silff ben tân a gwneud yn siŵr fod y llenni duon ar y ffenest wedi eu cau'n dynn. Yna gwyrodd hithau i lawr o dan y bwrdd mawr derw a swatiodd pawb yno'n dawel i wrando ar ru'r awyrennau yn yr awyr uwchben.

'Dim ond mynd drosodd y maen nhw heno eto,' ceisiodd eu tad eu cysuro. 'Mi glywn ni'r *All Clear* mewn munud neu ddau, siawns.'

Yr eiliad nesaf fe ddaeth rhyw sŵn chwibanu rhyfedd o rywle uwchben – yn nes ac yn nes, yn uwch ac yn uwch. Yna ffrwydrad sydyn nes bod y ddaear yn crynu! Yna rhyw olau rhyfedd, yn treiddio hyd yn oed trwy lenni duon y blacowt. Gafaelodd Gwen yn dynn yn ei mam a rhoddodd hithau ei breichiau amdani i'w chysuro.

'Dyna ti, Gwen fach,' meddai. 'Mi fydd popeth drosodd toc, gei di weld.'

'Be oedd hwnna?' holodd Robin, wedi dychryn. Yna daeth ffrwydrad arall, ddim mor agos atyn nhw'r tro hwn. 'Ydyn nhw'n ein bomio ni, Dad?'

'Wn i ddim, wir, ond mae'n swnio felly. Dal d'afael, ngwas i. Mynd adra o Lerpwl y maen nhw ac yn gollwng y bomiau sydd ganddyn nhw ar ôl.'

Swatiodd pawb yn dawel eto, pob un â'i feddyliau ei hun.

Trafod y Testun

- Beth oedd y newidiadau mawr ddigwyddodd pan dorrodd y rhyfel yn 1939? Beth ydych chi'n feddwl o'r newidiadau?

- Pam roedd bwyd yn cael ei ddogni? Dywedwch:

  * sut oedd bwyd yn cael ei ddogni;

  * faint o fwyd oedd pobl yn ei gael mewn wythnos;

  * effaith y dogni ar bobl o ddydd i ddydd.

- Siaradwch am atgofion y ddau faciwî o Lerpwl a Llundain. Cofiwch sôn am:

  * y profiadau oedd yr un fath iddyn nhw;

  * y pethau oedd yn wahanol iddyn nhw yn ystod y rhyfel;

  * sut oedd y plant yn teimlo;

  * y gwahaniaeth rhyngddyn nhw ar ôl y rhyfel.

- Wedi ichi ddarllen y rhannau o 'Sais ydi o, Miss!' gan Brenda Wyn Jones, siaradwch am brofiadau a theimladau:

  * Gracie, y faciwî ar fferm y Foel – sut oedd hi'n teimlo; pa bethau oedd hi'n eu colli;

  * teulu'r Foel yn ystod y blacowt. Soniwch am sut oedd gwahanol aelodau'r teulu'n teimlo wrth aros am yr 'All Clear'.

- Siaradwch am gynnwys ac arddull yr uned 'Rhyfel':

  * pa rannau sy'n apelio fwyaf, a pham;

  * pa rannau sydd ddim yn apelio, a pham;

  * rhowch eich barn am y gwahanol fathau o ysgrifennu sydd yn yr uned, gan ddweud pa un yn eich barn chi ydy'r mwyaf effeithiol.

Pwyntiau Trafod Pellach

- Siaradwch am sut y byddech chi'n teimlo pe bai'n rhaid i chi:

  * fynd o'r ardal i le dieithr i fyw;

  * mynd i fyw at deulu dieithr.

  Ceisiwch sôn am y pethau fyddech yn eu colli fwyaf, er enghraifft, ffrindiau neu deulu, lle chwarae arbennig, anifeiliaid anwes, eich ysgol.

- Trafodwch sut y byddech chi fel grŵp yn ymdopi â dogni bwyd neu danwydd. Beth sy'n digwydd pan fo (i) bwyd neu (ii) danwydd (ar gyfer cerbydau neu'r tŷ) yn mynd yn brin? Siaradwch am y ffaith bod rhai pobl yn gofalu amdanyn nhw eu hunain a'u teuluoedd heb gofio na phoeni am anghenion pobl eraill yn yr un ardal, y wlad, led-led y byd.

- Mae yna rai pethau sy'n rhaid i ni eu gwneud gan fod deddf gwlad yn dweud hynny. Dyma rai ohonyn nhw:

  * mae'n rhaid i blant fynd i'r ysgol;

  * rhaid gyrru car ar yr ochr chwith ym Mhrydain;

  * rhaid gwisgo gwregys diogelwch;

  * rhaid talu am drwydded car a theledu;

  * rhaid talu rhent neu dreth ar dŷ.

  Beth ydy eich barn am hyn? Ydy hi'n iawn gorfodi plant a phobl i wneud pethau nad ydyn nhw'n cytuno â nhw? Siaradwch fel grŵp am beth fyddai'n digwydd os fyddech yn torri rhai o'r rheolau hyn.

- Efallai bod rhywun yn eich teulu chi, neu rywun sy'n byw wrth eich ymyl, yn cofio'r Ail Ryfel Byd. Meddyliwch am gwestiynau i'w gofyn iddyn nhw, ac yna ewch i'w cyfweld. Cofiwch recordio'r cyfweliad.

Gweithgareddau Ysgrifennu

- Mae rhai pobl yn erbyn rhyfel yn llwyr, ac yn gwrthod ymuno â'r fyddin a mynd i ymladd. Gwnewch ddwy restr i roi rhesymau dros ac yn erbyn rhyfel.

- Dychmygwch eich bod yn byw yn y wlad yng nghyfnod yr Ail Ryfel Byd. Ysgrifennwch dudalen o ddyddiadur am y diwrnod y cyrhaeddodd y faciwîs y pentref gwledig ble'r oeddech yn byw. Soniwch am:
  * sut oedd y faciwîs yn edrych;
  * ble roedd y faciwîs yn mynd;
  * sut effaith oedd hyn yn ei gael arnoch chi yn eich tŷ ac yn eich ysgol;
  * eich teimladau am y faciwîs.

- Lluniwch adroddiad papur newydd sy'n sôn am griw o faciwîs yn cyrraedd y pentref bychan gwledig adeg y rhyfel. Ceisiwch feddwl am:
  * bennawd bachog i'r adroddiad;
  * esbonio pam bod y faciwîs yn dod o'r trefi mawr;
  * y problemau gafwyd yn y cartrefi;
  * y problemau gafwyd yn yr ysgolion;
  * y problemau gafwyd yn yr ardal;
  * sut yr oedd prinder bwyd, y dogni, a'r blacowt yn ychwanegu at y problemau.

- Dychmygwch mai chi ydy Gracie. Ysgrifennwch ddyddiadur yn cofnodi:
  * y diwrnod y gadawodd ei theulu;
  * y diwrnod y cyrhaeddodd Fferm y Foel.
  * Cofiwch ddisgrifio ei theimladau drwy gydol y darn.

- Ysgrifennwch y sgwrs fu rhwng teulu Fferm y Foel yn ystod cyfnod y bomio. Ceisiwch wneud y sgwrs mor fyw â phosib, gan gofio bod ofn ar bawb ond bod rhai aelodau o'r teulu yn ei guddio yn well na'i gilydd.

- Ysgrifennwch stori sy'n dechrau gyda 'Canodd y seiren ...'. Cofiwch y bydd angen cynllunio'r stori'n ofalus:

  * ble mae'n cael ei lleoli a pha bryd;

  * sawl cymeriad, eu henwau, sut rai ydyn nhw;

  * meddwl am o leiaf dri pheth sy'n digwydd.

- Lluniwch ddeialog neu stori yn seiliedig ar y llun yma. Edrychwch yn ofalus ar y llun. Yna, ysgrifennwch stori amdano neu ysgrifennwch ddeialog rhwng y ddau ŵr.

- Yn dilyn darllen 'Sais ydi o, Miss!' gan Brenda Wyn Jones i gyd, ysgrifennwch adolygiad ohono. Cofiwch bydd angen sôn am:

  * y clawr;

  * y lluniau;

  * yr hyn sy'n digwydd yn y stori;

  * y prif gymeriad, a sut mae'r awdur yn gallu creu cymeriadau gwahanol;

  * pa gymeriadau sy'n apelio atoch chi gan ddweud pam;

  * eich barn am y nofel.

Mae taflen yn nghefn y llyfr all fod o help i chi.

Gweithgareddau Darllen

- Chwiliwch drwy'r uned am eiriau sydd yn ddieithr i chi.

  * ysgrifennwch restr o'r geiriau

  * ceisiwch ddyfalu eu hystyr a'i ysgrifennu wrth ochr pob gair;

  * chwiliwch yn y geiriadur a chael yr ystyr cywir, a'i gofnodi;

  * cymharwch eich dyfaliad gyda'r ystyr cywir.

- Ailddarllenwch yr uned 'Yr Ail Ryfel Byd' a dewis y rhan rydych yn ei hoffi fwyaf. Darllenwch y darn i'r grŵp neu'r dosbarth, gan ddweud pam y mae'n apelio atoch.

- Ewch i ddarllen y llyfr 'Sais ydi o, Miss!' gan Brenda Wyn Jones. Dewiswch eich hoff ddarn/ddarnau o'r llyfr a'u darllen yn uchel i'r grŵp neu'r dosbarth.

- Mae nifer o lyfrau a cherddi wedi eu hysgrifennu am yr Ail Ryfel Byd. Chwiliwch am rai ohonyn nhw ar gyfer gwneud casgliad yn y dosbarth. Efallai y gallwch ddod o hyd i hen erthyglau papur newydd hefyd. Gofynnwch am wybodaeth gan eich archifdy lleol.

- Mae rhyfeloedd ac ymladd yn dal i ddigwydd mewn rhai gwledydd heddiw. Chwiliwch mewn papurau newydd am erthyglau sy'n sôn am ymladd neu ryfel. Darllenwch rannau ohonyn nhw i'r dosbarth.

Awyr Iach

Mae Cymru yn wlad hardd iawn yn cynnig digon o gyfle i bobl fwynhau'r awyr iach.

Dyma rai pethau mae pobl yn hoffi eu gwneud yn eu hamser hamdden yng Nghymru.

cerdded

dringo

beicio

mwynhau golygfeydd

gwersylla

pysgota

gwylio adar

Yng Nghymru mae **Parciau Cenedlaethol**, sef ardaloedd o harddwch naturiol. Mae'r parciau yma yn cael eu gwarchod yn ofalus er mwyn eu cadw'n hardd.

Mae gan y parciau reolau arbennig ynglŷn ag adeiladu i sicrhau nad oes dim yn difetha'r golygfeydd.

Yn ogystal, mae gan bob parc ei warden sydd yn crwydro'r parc bob dydd i gadw llygad ar yr hyn sy'n digwydd. Maen nhw'n cynnig help i ymwelwyr, cerddwyr a dringwyr.

Parc Cenedlaethol Eryri

**Parc Cenedlaethol
Arfordir Penfro**

**Parc Cenedlaethol
Bannau Brycheiniog**

Mae Huw Evans yn hyfforddwr gweithgareddau awyr agored. Mae'n arbenigwr ar ddringo, hwylfyrddio, canŵio a beicio mynydd. Iddo ef mae bod allan yn yr awyr iach yn holl bwysig.

'Mae'n bwysig iawn bod pobl a phlant yn cadw eu hunain yn ffit ac yn iach drwy gael digon o ymarfer corff a lle gwell i wneud hynny nag yn yr awyr iach.

Mae'n llawer gwell na mynd i ganolfan hamdden neu bwll nofio. Rydych yn gallu mwynhau'r olygfa wrth ymarfer, a chyfarfod llawer o ffrindiau newydd. Mae hefyd yn fwy cyffrous. Meddyliwch sut mae rhywun yn teimlo wedi cyrraedd copa mynydd. Yr olygfa fendigedig o'i flaen ydy'r wobr orau bosib.

Rwyf wrth fy modd yn fy ngwaith bob dydd, yn hyfforddi pobl i fwynhau eu hunain a chadw'n heini ar yr un pryd. Mae rhywbeth i bawb ei wneud yn yr awyr iach.'

Yr ardal fwyaf poblogaidd i bobl fynd i gerdded mynyddoedd ydy'r ardal o gwmpas yr Wyddfa, ym Mharc Cenedlaethol Eryri.

Yr Wyddfa ydy mynydd uchaf Cymru ac mae llawer o bobl sy'n ymweld â'r ardal yn cerdded y llwybrau sy'n arwain at y copa.

Ond nid ydy pawb yn meddwl bod crwydro mynyddoedd yn yr awyr iach yn syniad da.

Mae Delyth Jones yn byw yn ardal Eryri ac mae hi'n gweld llawer o broblemau yn codi.

'Rydw i'n cytuno bod cerdded mynyddoedd yn iach iawn ac yn braf iawn, ond mae cymaint o bobl yn cerdded llwybrau'r Wyddfa fel bod y llwybrau'n cael eu gwisgo, neu eu herydu. Mae'n costio miloedd o bunnoedd i gynnal a chadw'r llwybrau.

Mae llawer o bobl hefyd yn teithio i mewn i'r ardal ar benwythnosau ac yn ystod gwyliau'r haf er mwyn dringo'r mynyddoedd. Mae hyn yn achosi problemau traffig dychrynllyd i ni yn y pentrefi.

Problem arall ydy fod pobl yn mynd i ddringo heb yr offer iawn, neu yn crwydro oddi ar y llwybrau. Mae'r tywydd yn gallu newid yn gyflym iawn ar fynyddoedd Cymru ac mae llawer o bobl yn cael eu dal mewn niwl ac yn mynd ar goll, neu waeth byth, yn syrthio.

Mae angen achubwyr wedyn i chwilio amdanyn nhw. Mae'r rhain yn peryglu eu bywydau i chwilio am bobl na ddylai fod ar y mynydd yn y lle cyntaf.'

Reidio'r Gwynt!

Ydych chi wedi meddwl sut beth fyddai gallu hedfan fel aderyn yn yr awyr? Dyma ddyddiadur gŵr oedd yn meddwl mentro ...

Sadwrn, 6 Ebrill

Codi'n fore. Y tywydd mor braf, felly penderfynu mynd am reid yn y car i'r wlad, i gael cerdded ar y mynyddoedd drwy'r dydd. Tawelwch perffaith!

Digwydd edrych i fyny wrth yrru ar hyd y ffordd droellog. Uwch fy mhen roedd siapiau anferthol o bob lliw a llun, fel glöynnod mawr amryliw. Roeddwn wedi stopio'r car cyn sylweddoli mai pobl yn barcuta oedd yno. Tri o bobl yn troelli yn y gwynt! Hongian wrth ysgerbwd o ffrâm arian â gorchudd llachar, lliwgar arni, yn gwneud beth mae adar wedi ei wneud ers miloedd o flynyddoedd – hedfan!

Methu'n glir â chael y barcutwyr o fy meddwl wrth gerdded. Roedden nhw'n edrych mor hamddenol a di-stŵr yn troi a throsi yn yr awyr.

Cyrraedd yn ôl at y car, a phenderfynu chwilio am rywbeth i'w fwyta cyn troi am adref. Roedd y lle bwyta'n orlawn ac roedd yn rhaid aros am fy mwyd. Fedrwn i ddim peidio â chlywed sgwrs y bobl wrth y bwrdd agosaf ataf – roedd y rhain yn amlwg yn perthyn i glwb hedfan barcutiaid. Gofynnais iddyn nhw pam eu bod yn dewis barcuta? 'Bod i fyny yna, ar dy ben dy hun,' meddai un. 'Dim byd ond fi a'r aer o'm cwmpas, a'r wlad fel carped o danaf,' oedd ateb un arall. 'Teimlo'n rhydd fel aderyn,' meddai'r llall. Roeddwn yn hoffi'r syniad yn fawr.

Gofynnais iddyn nhw am y perygl. 'Dyna mae pawb yn ei ofyn', medden nhw. 'Wrth gwrs fod perygl, ond os bydd y rheolau wedi eu dysgu'n iawn, mae mor ddiogel i fyny yna yn yr awyr ag y mae i sgïo ar ddŵr. Y peth pwysig yw parchu nerth y gwynt. Mae'n bwysig adnabod arwyddion y tywydd, dewis y lle iawn a gwybod sut mae aer yn symud dros bethau.'

Pan godais i adael, gofynnodd un o'r dynion a hoffwn i gael cynnig ar hedfan, gan fy mod wedi dangos cymaint o ddiddordeb. Sut gallwn i wrthod? Cytunais i'w cyfarfod bore fory. Bydd rhaid i mi wisgo esgidiau cerdded cryf (i lanio a cherdded yn ôl i fyny'r bryn), menyg cynnes i gadw'r bysedd yn ystwyth, a dillad cynnes rhag yr aer oer. Caf fenthyg helmed ddiogelwch ganddyn nhw – mae radio bach arni iddyn nhw allu dweud wrthyf beth i'w wneud. Rwy'n teimlo braidd yn ofnus am y peth a dweud y gwir, er fy mod yn hollol sicr y byddan nhw'n gofalu amdanaf yn dda. Wedi'r cwbl, roedden nhw'n rhoi cymaint o bwys ar ddiogelwch.

Rhaid cysgu nawr i mi fod yn barod am y diwrnod pwysig. Gyda lwc, byddaf yn hedfan yfory!

Mae Elfed Parri yn ffermwr mynydd yng Nghwm Du. Nid ydyw yn meddwl bod barcuta yn syniad da o gwbl. Ysgrifennodd lythyr at Brif Warden Cwm Du i gwyno am y barcutwyr.

Fferm Clogwyn Gwyn
Nant Bach

12 Ebrill

Tom Griffiths
Prif Warden
Cwm Du

Annwyl Mr Griffiths

Rwy'n teimlo fod yn rhaid i mi ysgrifennu atoch i gwyno am y barcutwyr sy'n dod i hedfan oddi ar y mynyddoedd o gwmpas y fferm bob penwythnos bron. Gofynnaf yn garedig i chi drefnu gyda swyddogion y parc i roi rhybudd i rwystro barcuta ar ochrau'r mynyddoedd am nifer o resymau.

Yn y lle cyntaf, mae'r barcutiaid mawr yma yn gwibio'n isel dros ochrau'r mynydd ac yn cynhyrfu'r defaid. Ddoe, achosodd un barcud iddynt redeg ar chwâl i bob man. Neidiodd rhai dros y wal gerrig i'r ffordd, lwcus nad oedd ceir yn mynd heibio ar y pryd, neu byddai damwain gas wedi digwydd. Mae'n cymryd oriau o waith i'w casglu yn ôl, hyd yn oed gyda chymorth cymdogion.

Yr ail reswm dros dynnu eich sylw at y broblem ydy fod y bobl yma yn anwybyddu ffensys a llwybrau mynydd. Bu raid imi fynd i drwsio ffensys sawl gwaith y llynedd, ar ôl iddynt gael eu sathru i'r llawr wrth i bobl geisio mynd drostynt heb rwygo deunydd y barcud. Mae'n mynd yn gostus i roi darnau newydd i ffens o hyd, ac mae ffensys wedi torri yn rhoi cyfle i'r defaid grwydro.

Rheswm arall dros fod yn erbyn i'r bobl yma ddod i hedfan yn yr ardal ydy fod gan rai ohonynt beiriannau ar y barcutiaid. Gallwch feddwl sut mae hynny nid yn unig yn dychryn yr anifeiliaid, ond hefyd yn diflasu pobl yr ardal gyda'u sŵn cacwn parhaus.

Yn ogystal â hyn, mae'r sbwriel sydd yn cael ei adael gan farcutwyr ac ymwelwyr nid yn unig yn hyll, ond yn beryglus hefyd. Mae rhai o'n anifeiliaid yn cael eu hanafu'n ddrwg pan maen nhw'n cerdded ar boteli gwydr wedi torri, ac mae mwy nag un achos lle mae tafod anifail wedi mynd yn sownd yn y tuniau diod gwag sy'n cael eu gadael ar ôl.

Gobeithio y byddwch yn gwneud rhywbeth yn fuan i rwystro'r barcutwyr, cyn i bethau fynd yn waeth.

Edrychaf ymlaen at glywed gennych.

Yr eiddoch yn gywir,

Elfed Parri

Trafod y Testun

- Chwiliwch drwy'r testun i ddod o hyd i'r atebion i'r cwestiynau hyn cyn gynted ag y gallwch.

  * Sawl parc cenedlaethol sydd yng Nghymru? Enwch nhw.

  * Enwch dri gweithgaredd mae modd eu gwneud yn yr awyr iach.

  * Beth ydy gwaith warden mewn parc cenedlaethol?

  * Chwiliwch am un rheswm pam fod y barcutwyr yn mwynhau barcuta.

  * Beth ydy'r gair sy'n cael ei ddefnyddio gan Delyth Jones am wisgo llwybr?

- Beth ydy'r gwahaniaeth rhwng barn Delyth Jones a Huw Evans am weithgareddau awyr agored? Trafodwch fel grŵp gan roi rhesymau o'r testun wrth ateb. Gyda phwy ydych chi'n cytuno fwyaf?

- Beth sy'n digwydd yn y dyddiadur 'Reidio'r Gwynt'? Siaradwch am:

  * deimladau'r awdur drwy'r dyddiadur;

  * y wybodaeth mae'r barcutwyr yn ei roi iddo.

- Mae pwyntiau o blaid ac yn erbyn barcuta yn cael eu cyflwyno yn 'Reidio'r Gwynt' ac yn llythyr Elfed Parri. Siaradwch am y pwyntiau sy'n codi gan fynegi eich barn am yr hyn sy'n cael ei ddweud.

Pwyntiau Trafod Pellach

- A ddylai ymwelwyr gael yr hawl i grwydro ble yr hoffen nhw – e.e. ar dir ffermydd? Beth ydy eich barn am ymwelwyr yng nghefn gwlad – ydyn nhw'n difetha'r tir ai peidio?

- Pam y dylai, neu na ddylai, pobl ddi-brofiad gael mynd i gerdded neu ddringo'r mynyddoedd?

- Pam y dylai, neu na ddylai, pobl gael hawl i feicio ar lethrau mynyddoedd?

- Rhowch sgwrs i'r dosbarth am eich diddordebau. Paratowch y sgwrs yn ofalus. Mae taflen yng nghefn y llyfr i'ch helpu.

- Gweithiwch fel pâr, un ohonoch yn Huw Evans, a'r llall yn Delyth Jones. Mae angen i chi gael sgwrs o blaid ac yn erbyn mynydda.

- Trefnwch ddadl ddosbarth ar weithgareddau yn yr awyr iach. Mae angen i hanner y dosbarth i fod o blaid a'r hanner arall yn erbyn gweithgareddau o'r fath. Bydd angen i chi drefnu dadleuon o blaid ac yn erbyn. Bydd hefyd angen un plentyn i gadeirio'r ddadl i sicrhau bod pawb yn cael cyfle i ddweud eu dweud.

- Paratowch sgwrs 'Munud ar y Meic' i roi eich dadl o blaid neu yn erbyn dringo mynyddoedd neu farcuta. Defnyddiwch ddadleuon o'r testun i gefnogi eich pwyntiau yn eich sgwrs. Mae taflen yng nghefn y llyfr i'ch helpu.

Gweithgareddau Ysgrifennu

- Dyma rai rheolau sydd wedi eu gosod ar gyfer cerddwyr mynyddoedd:

  * paratowch eich taith yn ofalus;

  * gadewch i eraill wybod ble rydych yn mynd;

  * gwnewch yn siŵr fod eich esgidiau yn addas.

  Lluniwch reolau addas ar gyfer beicwyr mynydd. Cofiwch fod rhannau o'r parciau cenedlaethol yn rhan o dir ffermio neu dir preifat.

- Ysgrifennwch ddyddiadur y gŵr yn 'Reidio'r Gwynt' ar Ebrill 7, pan mae'n barcuta am y tro cyntaf. Soniwch am:

  * ei deimladau cyn cychwyn;

  * y barcuta – cofiwch ddisgrifio'n fanwl;

  * ei deimladau ar ôl gorffen.

- Lluniwch stori ar ffurf comic am ddigwyddiad cyffrous neu ddamwain yn yr awyr agored e.e.

  * ar goll ar y mynydd;

  * hedfan peryglus;

  * beicio'n rhy gyflym.

- Lluniwch bamffled neu daflen wybodaeth i hysbysebu un o Barciau Cenedlaethol Cymru. Gallwch wneud hyn ar gyfrifiadur.

  * chwiliwch am wybodaeth ar y We neu mewn llyfrau neu bamffledi yn gyntaf.

  * cynlluniwch yn ofalus er mwyn cyflwyno eich gwybodaeth yn drefnus.

  * gosodwch eich gwaith allan yn effeithiol, gan ddefnyddio lluniau i wneud eich gwaith yn ddeniadol.

Gweithgareddau Darllen

- Chwiliwch am wybodaeth am Barciau Cenedlaethol Cymru ar y We, neu anfonwch am bamffledi gwybodaeth.

- Edrychwch ar bamffledi neu lyfrynnau gwahanol ganolfannau awyr agored. Sut maen nhw'n gwneud i'r gweithgareddau edrych yn ddeniadol?

- Chwiliwch ar y We am wybodaeth am wersylloedd yr Urdd yng Nglan-llyn a Llangrannog. Pa weithgareddau awyr agored sy'n cael eu cynnig yno?

- Ewch ati i wneud cardiau ymchwil ar unrhyw un o Barciau Cenedlaethol Cymru. Ar ôl i chi ddarllen yn ofalus am un o'r parciau, ysgrifennwch gyfres o gwestiynau ar gerdyn. Gallwch wedyn gyfnewid y cardiau gyda'ch ffindiau a chwilio am yr atebion i'r cwestiynau. Mae modd gwneud hyn yn erbyn y cloc os hoffech chi.

- Chwiliwch mewn atlasau neu lyfrau gwybodaeth am enwau rai o fynyddoedd Cymru. Gallwch gofnodi eich gwybodaeth ar ffurf tabl, o dan y penawdau:
  * enw'r mynydd;
  * lleoliad;
  * uchder.

Y Mymi

TRYSOR A MELLTITH

Mae'r lluniau yma'n dangos y pethau mwyaf enwog sydd yn yr Aifft:

sphincs Giza

pyramid

llun hierogliffigs

yr afon Nîl

teml Abu Simbel

116

TRYSOR YN Y BEDD

Codwyd y pyramidiau filoedd o flynyddoedd yn ôl ar lan yr afon Nîl. Roedd angen tua chan mil o ddynion i'w codi, a chymerodd y gwaith dros ugain mlynedd i'w gwblhau. Mae dros ddwy filiwn o flociau cerrig yn y pyramid mawr yn Giza, ac mae yn 135 metr o uchder.

Bedd ar gyfer y Pharo, sef brenin yr Aifft, oedd y pyramid. Y tu mewn, roedd ystafelloedd anferth, yn llawn o drysorau – dillad, dodrefn, modelau, arfau, a hefyd bwyd a diod – popeth y byddai'r Pharo ei angen yn y bywyd nesaf.

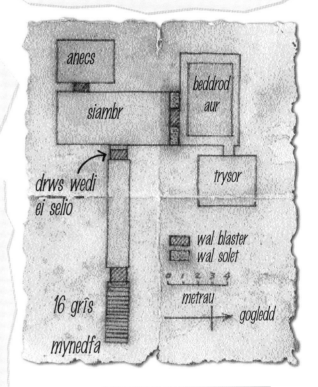

Dros amser roedd lladron wedi darganfod sut i fynd i mewn i'r pyramidiau, er mor anodd oedd hynny, ac wedi dwyn y trysorau oedd ynddynt.

Bedd Tutankhamun ydy'r bedd mwyaf enwog. Pan gafodd y bedd ei ddarganfod yn Nyffryn y Brenhinoedd 1922, doedd neb wedi bod ynddo, ac roedd dros 600 mil o drysorau yno. Y trysor harddaf a mwyaf gwerthfawr oedd y mwgwd oedd ar wyneb Tutankhamun yn ei arch aur.

MELLTITH Y MYMI

'Melltith ar y sawl fydd yn agor sêl drws beddrod y Bachgen-Frenin.
Bydd marwolaeth sydyn yn dilyn.'

Roedd Howard Carter bron â chyrraedd pen ei dennyn. Ers bron i ugain mlynedd bu'n chwilio am feddrod y bachgen ifanc ddaeth yn frenin yr Aifft, ac a fu farw yn 18 oed. Fe deimlai ym mêr ei esgyrn fod y bedd yma. Ond erbyn hyn, roedd yr arian i ddal i chwilio bron â darfod ...

Wrth gerdded drwy'r tywod oer ar doriad gwawr meddyliodd eto am ei gyfaill oedd yn rhoi arian i'r fenter, yr archeolegydd, yr Arglwydd Carnarfon. Cofiai'n dda fel y dywedodd yr Arglwydd wrtho na allai fforddio gwario dim mwy o arian. 'Rwyf wedi gwario ffortiwn yn barod,' meddai. 'Fedra i ddim fforddio dim mwy.' Ond wedi i Carter swnian i adael iddo gael cynnig arall, fe gytunodd. 'O'r gorau, un siawns arall. Os y methwn y tro yma, bydd ar ben arnaf.'

Dangosodd Carter fap o Ddyffryn y Brenhinoedd i'r Arglwydd Carnarfon, gan bwyntio at ddarn o dir oedd heb ei chwilio. 'Fan hyn rydw i'n meddwl y mae'r bedd. Dyma'r unig le ar ôl sydd heb gael ei chwilio.'

'Iawn, mi roddwn un cynnig eto arni,' meddai'r Arglwydd Carnarfon.

Yn awr, wrth ddod at y lle y buon nhw'n cloddio, teimlai Carter yn drist a digalon. Diwedd ei freuddwyd! Doedd ef na'i weithwyr ddim wedi darganfod unrhyw beth hyd yn hyn. Tri diwrnod o gloddio, a chael dim.

Fel y daeth Carter yn nes at y gwersyll lle roedd y gweithwyr yn aros, rhedodd Ali, ei brif weithiwr, i'w gyfarfod. 'Rydyn ni wedi darganfod gris yn y ddaear!' meddai'n gyffrous. 'Dowch, brysiwch!'

Ymhen dau ddiwrnod, roedd y gweithwyr wedi cloddio i lawr, a darganfod grisiau garw, serth, yn arwain at ddrws, a sêl y brenin arno heb ei thorri. Drws ei fedd, a doedd neb wedi bod i mewn!

'Dyma ni! O'r diwedd! Mae'r freuddwyd yn dod yn wir. Dyma sêl y Bachgen-Frenin ar y drws,' meddai Carter. 'Torrwch y sêl i ni gael mynd i mewn.'

Trodd at y gweithwyr, gan synhwyro fod rhywbeth o'i le.

'Beth sy'n bod?' gofynnodd. 'Dowch, torrwch y sêl i ni gael agor y drws.'

Edrychai rhai o'r gweithwyr ar ei gilydd, a dechreuodd rhai fwmian ymysg ei gilydd, a golwg ofnus, bryderus ar eu hwynebau. Trodd un neu ddau eu cefnau, a dechrau cerdded i ffwrdd.

'Beth sy'n bod ar y dynion yma?' holodd Carter yn ddiamynedd.

'Y felltith, syr,' atebodd Ali. 'Maen nhw ofn y felltith!'

'Melltith? Pa felltith?' gofynnodd Carter.

'Mae'r stori'n dweud y bydd pwy bynnag sy'n torri sêl bedd y Bachgen-Frenin yn marw,' atebodd Ali.

'Stori! Coel gwrach, dyna i gyd,' oedd ymateb Carter. 'Os nad ydy'r dynion yma'n fodlon gweithio, dos i gyflogi rhai eraill,' a cherddodd yn ôl i'r gwersyll yn fyr ei dymer.

Anfonodd neges telegram at Arglwydd Carnarfon:

O'r diwedd, wedi darganfod bedd anhygoel, a'r sêl heb
ei dorri stop

Aros i chi gyrraedd cyn ei agor *stop*

Llongyfarchiadau stop

6 Tachwedd 1922 stop

Safai Carter a'r Arglwydd Carnarfon o flaen y drws mawr, ar bigau'r drain. Gallent weld y dafnau chwys yn disgleirio ar wynebau'r gweithwyr. Rhyfedd, meddyliodd yr Arglwydd Carnarfon ynddo'i hun, does dim smic gan y dynion wrth weithio. Fel arfer, maen nhw'n taeru a dadlau ymysg ei gilydd; a mae rhyw olwg ofnus yn eu llygaid.

O'r diwedd, daeth y sêl yn rhydd, a griddfanodd y drws wrth agor. Cymrodd Carter gannwyll a cherdded i mewn i'r tywyllwch ...

Yn yr ystafell gyntaf, y siambr, roedd tri gwely pren wedi eu gorchuddio ag aur, a siapiau anifeliaid wedi eu cerfio arnyn nhw. Yno hefyd roedd pob mathau o gadeiriau, bocsys, saethau, ffyn, a hyd yn oed blodau oedd yn edrych fel petaent newydd gael eu hel. O dan un gwely mewn bocs, roedd trwmped aur. Yr ochr arall yn erbyn y wal, roedd cerfluniau o aur pur, a cherbydau rhyfel, eto o aur pur yn blith

draphlith ar y llawr o'u blaenau.

Pan aeth i mewn i ddechrau ni allai weld dim, ac roedd aer poeth yr ystafell yn gwneud i fflam y gannwyll grynu. Ond wrth arfer â'r hanner-tywyllwch, gwelodd ryfeddodau – anifeiliaid rhyfedd, cerfluniau, dodrefn, ac aur, roedd aur disglair ar bopeth bron. Ni allai gredu'r fath beth!

'Trysor brenin yn wir!' meddai Carter wrth yr Arglwydd Carnarfon, pan ddaeth yn ei ôl ato.

Wedi dychwelyd i chwilio mwy ar yr ystafelloedd, gwelsant gyrff pobl, gweision mae'n debyg. Roedd yn amlwg eu bod wedi eu gadael yno yn y pyramid, i ofalu am y brenin marw yn ei fywyd nesaf. Roedd pob mathau o fwyd a diod, grawn a gwin, wedi ei gadw mewn dysglau hardd, digon o fwyd i deulu am gyfnod hir.

Roedd y ddau archeolegydd ar ben eu digon. O'r diwedd, roedden nhw wedi darganfod y trysor a gafodd ei guddio dan dywod yr anialwch ers miloedd o flynyddoedd ...

Ymhen peth amser wedyn, aeth yr Arglwydd Carnarfon yn sâl. Galwyd am y meddyg, ond ni allai wneud dim i'w helpu. Bu farw o fewn ychydig ddyddiau.

* * * * *

Rai misoedd ar ôl gorffen trefnu catalog o drysorau'r bedd yn barod ar gyfer yr arddangosfa, gwelwyd erthygl fechan yn y papur newydd yn Llundain. Ynddo roedd sôn am farwolaeth sydyn Howard Carter ...

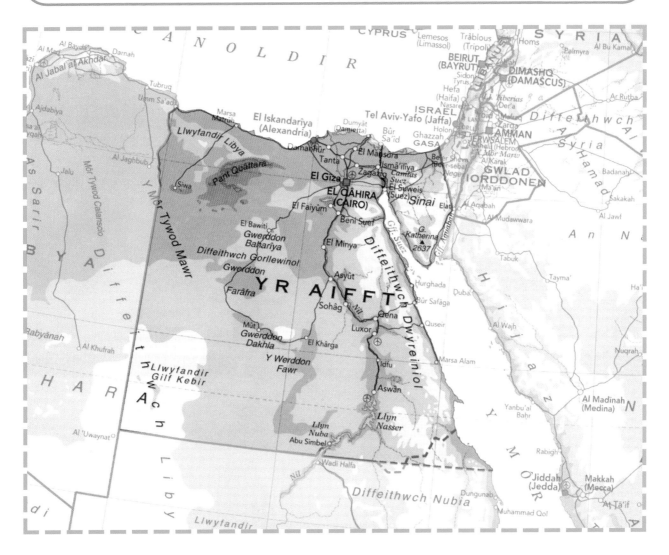

Gwlad yn y gogledd-ddwyrain o Affrica; un o'r gwledydd yn perthyn i'r **Ffederasiwn** o wledydd Arabaidd. Gwlad sych iawn, gyda 96% o'r tir yn **anialwch**. Mae'r afon Nîl, yr afon hiraf yn y byd, yn llifo drwy'r wlad. Mae pobl yr Aifft wedi dibynnu ar yr afon Nîl ers miloedd o flynyddoedd. Mae 95% o bobl yr Aifft yn byw yn nyffryn yr afon. Gan mai ar lannau'r afon Nîl mae'r tir **ffrwythlon**, yno mae'r rhan fwyaf o'r boblogaeth. Mae'r tir yn cael ei ffermio, i dyfu grawnfwyd, llysiau, cotwm, siwgr a thybaco. Erbyn hyn, mae llif yr afon yn cael ei reoli gan sawl **argae**, fel bod digon o ddŵr am gyfnod hirach. Yr argae mwyaf enwog yw'r *Aswan.* Mae'r dŵr yn cael ei storio yn yr argae yn ystod y tymor gwlyb, a'i ollwng i'r afon fesul dipyn. O'r afon mae camlesi (sianeli) yn cario'r dŵr i'r caeau.

Prif ddinas yr Aifft yw Cairo. Mae'r ddinas yn y gogledd, ger aber yr afon Nîl. Mae poblogaeth y ddinas dros ddwy filiwn. Y prif borthladd, ar lan Môr y Canoldir, ydy Alexandria. Mae **camlas** *Suez* (162km) yn torri trwy'r Aifft, i gysylltu Môr y Canoldir a'r Môr Coch.

Trafod y Testun

- Enwch rai o'r pethau mwyaf enwog yn yr Aifft.

- Soniwch am y pyramidiau, gan ddefnyddio'r wybodaeth o'r uned wrth drafod.

- Beth sy'n digwydd yn hanes 'Melltith y Mymi'? Dywedwch yr hanes, yn eich tro, wrth weddill y grŵp.

- Beth ydych chi'n feddwl o ddiwedd yr hanes?

- Ceisiwch ddod o hyd i'r atebion i'r cwestiynau yma mor gyflym ag y gallwch o'r dudalen 'gwyddoniadur' ar ddiwedd yr uned.
  * Beth ydy enw prifddinas yr Aifft?
  * Beth wyddoch chi am yr afon Nîl?
  * Ble mae'r Aifft?
  * Beth ydy enw'r argae mwyaf enwog ar y Nîl?
  * Pa ddau fôr mae camlas Suez yn eu cysylltu?

Pwyntiau Trafod Pellach

- Trafodwch pam fod adeiladau'r Aifft yn cael eu galw'n 'drysorau'. Beth ydy eich barn chi amdanyn nhw – trysor neu hen adfeilion?

- Beth ydy eich barn chi am fynd â'r trysor o'r bedd?

- Petaech chi wedi darganfod y trysor, a fyddech chi am ei gadw, neu ei roi i amgueddfa? Rhowch eich rhesymau.

- Oedd yr hyn wnaeth Carter a'r Arglwydd Carnarfon yn wahanol i'r hyn wnaeth lladron ers canrifoedd? Beth oedd y gwahaniaeth a pham?

- Beth ydy eich barn chi – a oedd melltith ar fedd Tutankhamun ai peidio?

- Oes gennych chi drysor arbennig? Soniwch amdano wrth y grŵp.

- Bydd llawer o bobl yn mwynhau mynd ar wyliau i'r Aifft. Soniwch am wyliau rydych chi wedi ei fwynhau.

- Beth ydy eich barn am roi'r holl drysorau yn y bedd gyda Tutankhamun?
  * Oedd cadw traddodiad fel hyn yn bwysig?
  * Fyddai'r trysorau wedi gallu cael eu defnyddio gan bobl eraill?

- Roedd Carter yn meddwl mai ofergoel oedd 'Melltith y Mymi'. Mae nifer o bobl heddiw yn ofergoelus, er enghraifft, mae rhai yn meddwl bod cerdded o dan ysgol yn anlwcus. Oes gennych chi ofergoelion? Ydych chi'n adnabod rhywun ofergoelus? Soniwch wrth y grŵp am ofergoelion.

Gweithgareddau Ysgrifennu

- Dychmygwch mai chi oedd Howard Carter. Ysgrifennwch gofnod yn eich dyddiadur am y diwrnod yr aethoch i mewn i'r bedd ar ôl agor y sêl. Cofiwch sôn am:

  * beth ddigwyddodd;

  * sut oeddech chi'n teimlo;

  * beth oedd pobl eraill yn ei feddwl a'i deimlo.

- Dychmygwch eich bod ar wyliau yn yr Aifft. Ysgrifennwch gerdyn post i'w yrru at ffrind. Cofiwch fod yn gryno, a cheisio cyflwyno cymaint o wybodaeth â phosibl.

- Dychmygwch eich bod wedi clywed y sgwrs fu rhwng Howard Carter a'r Arglwydd Caernarfon yn y munudau cyn iddyn nhw agor y bedd. Sut fyddai Howard Carter wedi perswadio'r Arglwydd Caernarfon i'w agor? Ysgrifennwch y sgwrs allai fod wedi digwydd rhwng y ddau. Yn eich deialog, cofiwch roi rhesymau o blaid ac yn erbyn agor y bedd.

- Ysgrifennwch erthygl bapur newydd yn dilyn y darganfyddiad pwysig yn yr Aifft. Cofiwch am:

  * bennawd bachog;

  * brawddeg/paragraff i gyflwyno'r prif bwynt;

  * disgrifiad byr o Howard Carter;

  * cynnwys ymateb llygad-dyst;

  * defnyddio paragraffau.

- Lluniwch bamffled i geisio perswadio pobl i ymweld â rhai o'r mannau enwog yn yr Aifft. Sylwch ar y geiriau sy'n cael eu defnyddio mewn llyfrau teithio. Cofiwch wneud eich disgrifiadau'n gyffrous.

  Meddyliwch:

  * beth sydd i'w weld;

  * beth sydd i'w wneud.

- Lluniwch bamffled am eich ardal neu eich gwlad chi, i berswadio pobl y byddai'n werth dod yno. Cofiwch ddefnyddio:

  * disgrifiadau bachog;

  * lluniau;

  * mapiau;

  * dulliau gwahanol o gyflwyno gwybodaeth.

- Ar ôl darllen drwy'r uned, ceisiwch benderfynu beth sydd yn farn a beth sydd yn ffaith. Lluniwch ddwy restr i gofnodi beth sy'n farn a beth sy'n ffaith.

Gweithgareddau Darllen

- Ar y dudalen gwyddoniadur yn yr uned, mae rhai geiriau wedi eu duo. Defnyddiwch eiriadur i weld beth ydy ystyr y geiriau.

- Mae llawer o'r adeiladau a'r cerfluniau yn yr Aifft wedi dod yn enwog iawn. Defnyddiwch lyfrau cyfeirio a chyfrifiadur i gasglu gwybodaeth am yr Aifft.

- Chwiliwch am lyfrau gwyliau a theithio. Edrychwch ar sut mae'r llyfrau gwyliau yn perswadio pobl i fynd i wahanol leoedd.

- Darllenwch hanes 'Melltith y Mymi' eto yn ofalus. Casglwch gymaint o wybodaeth ag y gallwch am Howard Carter. Gwnewch nodiadau byr o'r hyn yr ydych wedi ei ddysgu amdano.

- Edrychwch eto ar y dudalen sy'n rhoi gwybodaeth i chi am yr Aifft. Dewisiwch ddim mwy na deg o eiriau sy'n mynd i'ch helpu chi i gofio gymaint ag y gallwch o ffeithiau am y wlad. Ysgrifennwch y geiriau ar ddarn o bapur. Defnyddiwch y geiriau hynny wedyn i ysgrifennu eich adroddiad eich hun am yr Aifft, heb edrych yn ôl ar y dudalen yn yr uned.

Dreigiau

Draig y Pistyll

Amser maith yn ôl roedd dreigiau yn greaduriaid digon cyffredin yng Nghymru. Clywyd sôn am ddreigiau o bob lliw a llun yn ymlusgo drwy'r awyr mewn cymylau o fwg a fflamau. Roedd gan rai ohonynt adenydd anferth a chynffonnau troellog, ac roedd rhai eraill yn ddi-adain ac yn ddi-gynffon. Roedd llawer ohonynt, yn ôl pob sôn, yn anadlu tân, a'r mwyafrif yn gennog fel pysgod. Gwnaethant eu cartrefi yng nghrombil y ddaear, mewn tyllau neu ogofâu, neu ar lan llyn, neu'n agos at bistyll neu raeadr. Creaduriaid y nos oeddynt, gan amlaf, yn casáu bodau dynol, ac er bod rhai ohonynt yn swil a diniwed, natur gas a ffyrnig oedd gan y mwyafrif o ddreigiau. Draig fel yna – milain a drwg – a ddaeth i darfu ar lonyddwch a dedwyddwch pentref Llanrhaeadr-ym-Mochnant flynyddoedd maith yn ôl. Newidiodd popeth yn y pentref pan ddisgynnodd y ddraig enfawr, gyda'i safn ddychrynllyd, ei hadain anferth a'i hanadl danllyd o'r awyr, ac ymgartrefu ger Pistyll Rhaeadr ar gyrion y pentref.

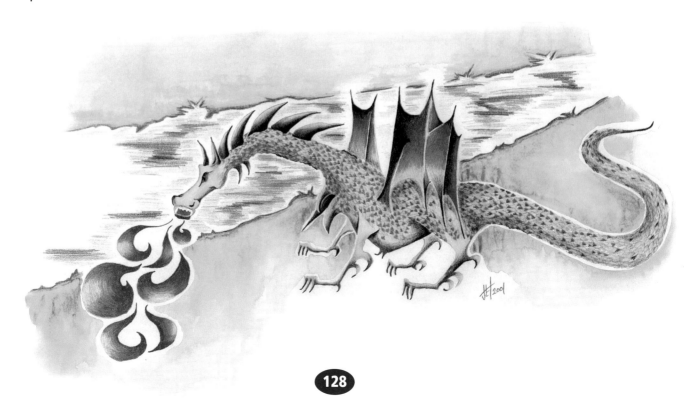

'Beth wnawn ni?' meddai Ianto. 'Mae'n rhaid i ni gael gwared â'r ddraig. Mae hi'n dwyn yr anifeiliaid.'

'Dydi hi ddim yn ddiogel gadael y tŷ ar ôl iddi nosi,' meddai'i gyfaill, Rhys.

'Rydan ni wedi ceisio dal y ddraig gyda rhwyd.'

' ... ac wedi saethu picellau ati, ond anghenfil cyfrwys yw'r ddraig ofnadwy.'

O fewn misoedd, er gwaethaf ymdrechion y pentrefwyr i gael gwared â'r ddraig, aeth pethau o ddrwg i waeth. Trodd y pentref, a fu unwaith yn lle braf a hapus, yn bentref trist a gwag. Ond doedd y ddraig ddim yn drist! Roedd hi wrth ei bodd yn byw yn Llanrhaeadr-ym-Mochnant, yn cysgu ger y rhaeadr yn ystod y dydd, ac ar ôl machlud haul, yn hedfan o gwmpas yr ardal, gyda fflamau coch yn chwythu'n orfoleddus o'i cheg, yn chwilio am rywbeth, neu am rywun, i'w ddinistrio. Daeth y pentrefwyr at ei gilydd:

'Neithiwr llarpiwyd yr ieir i gyd – dim ond eu plu oedd i'w gweld ar y buarth y bore 'ma.'

'Ac ŵyn bach Fferm y Fron wedi'u bwyta yr wythnos diwethaf.'

'A'n sgubor i wedi ei dymchwel a'i llosgi.'

'A beth ddigwyddodd i wraig y melinydd, tybed? Diflannu, fel niwl y bore! Y ddraig a'i cipiodd hi, siŵr o fod!'

'Y plant fydd yn cael eu dwyn nesa'. Chawn ni byth wared ar y ddraig, mae gen i ofn.'

Safai dyn dieithr ar gyrion y dyrfa yn gwrando ar y pentrefwyr. Clywodd am y dinistr a achoswyd gan yr anghenfil gyda'r crafangau creulon a'r môr o dân yn chwifio o'i enau. Meddai, mewn llais distaw:

'Rydw i wedi teithio'r byd, o bellteroedd y Dwyrain i wledydd oer y Gogledd, dros fynyddoedd a thrwy anialdiroedd. Rydw i'n hen gyfarwydd â thriciau dreigiau cyfrwys.'

'Rydan *ni'n* hen gyfarwydd â drygau'r ddraig arbennig hon erbyn hyn,' meddai Ianto, 'a heb feddwl am ffordd o'i lladd hi.'

'Mae gen i gynllun,' meddai'r dyn dieithr. 'Mae dreigiau yn cael eu denu gan liw coch, ac yn mynd yn wyllt gacwn pan welan nhw'r lliw. Maen nhw'n ymosod ar unrhyw beth coch. Y peth cyntaf mae'n rhaid i chi ei wneud yw mynd at y maen uchel sy'n sefyll wrth ymyl y pistyll. Dyrnwch hoelion mawr iddo, ond ceisiwch weithio'n ddistaw, rhag ofn i chi ddeffro'r ddraig.'

'Hoelion mawr? I be tybed ...?'

'Dyrnwch hoelion miniog, garw i'r maen, a'u gorchuddio â defnydd coch llachar. Pan ddeffry'r ddraig aiff yn gynddeiriog wrth weld y lliw coch. Bydd yn rhuthro at y maen, ac wrth ymosod bydd yr hoelion yn gwasgu i'w chorff. Rhaid i chi ymddiried ynof. Bydd y cynllun yn sicr o weithio.'

Aeth y pentrefwyr ati i ddilyn cyfarwyddiadau'r dieithryn. Cyn hir roedd y dynion wedi curo hoelion mawr i'r garreg, a'r merched wedi gwau a lliwio carthen goch i'w rhoi dros y maen. Roedd popeth yn ei le cyn iddi nosi.

Deffrodd y ddraig a gwelodd yr abwyd coch ger y rhaeadr. Rhuthrodd tuag at y garthen a thaflu ei hun ar y maen. Hyrddiai ei hun yn erbyn y garreg, nes i'r hoelion dreiddio drwy'r corff cennog. Ni allai ddianc, a'r unig sŵn a glywyd yn y pentref oedd gweiddi ac udo arswydus y ddraig.

Ym mhen rhai oriau mentrodd y pentrefwyr o'u cartrefi, a gwelsant olygfa erchyll ger Pistyll Rhaeadr. Roedd olion corff y ddraig yn hongian o'r hoelion, a phwll o waed wedi'i amgylchynu â fflamau wrth droed y maen.

Roedd y dyn dieithr wedi diflannu i'r tywyllwch!

Dreigiau Myrddin Emrys

Ganrifoedd lawer yn ôl roedd y brenin Gwrtheyrn yn byw. Bu'n frenin ar Brydain i gyd ar un adeg, ond roedd ei elynion wedi ymosod arno a chollodd lawer o'i dir ac roedd ei fywyd bellach mewn perygl. Penderfynodd ffoi i fynyddoedd Eryri yng Ngwynedd i guddio oddi wrth ei elynion.

Roedd gan Gwrtheyrn nifer fawr o geffylau i gario'i holl arian a'i drysorau i Wynedd. Daeth cannoedd o bobl gydag ef hefyd ac yn eu plith crefftwyr o bob math – seiri coed, seiri maen a thowyr. Roedd angen y rhain arno gan ei fod wedi penderfynu codi llys newydd iddo ef ei hun er mwyn ei gadw'n ddiogel rhag ei elynion.

Daeth o hyd i fryn anghysbell wrth droed yr Wyddfa. Roedd yn gallu gweld am filltiroedd i bob cyfeiriad o ben y bryn, a phenderfynodd Gwrtheyrn fod y fan honno yn ddelfrydol ar gyfer codi'r llys.

Dechreuodd y crefftwyr ar eu gwaith ar unwaith gan dorri sylfeini ar gyfer codi'r llys brenhinol.

'Mae'r gwaith wedi ei gychwyn heddiw,' meddai'r pensaer wrth Gwrtheyrn. 'Byddwn yn cychwyn codi'r muriau cyn diwedd y dydd.'

'Ardderchog,' atebodd Gwrtheyrn. 'Gorau po gyntaf y bydd gennyf lys cryf i'n hamddiffyn.'

Y bore canlynol, cododd pawb i weld fod holl waith y diwrnod cynt wedi ei ddifetha. Roedd y waliau wedi eu dymchwel yn ystod y nos.

Doedd y pensaer ddim yn deall beth oedd wedi digwydd.

'Bydd rhaid ail gychwyn,' gorchmynnodd Gwrtheyrn, 'ar unwaith!'

Gweithiodd pawb yn galed i godi'r waliau yn ôl, ond yn ofer. Drannoeth roedd

y muriau yn deilchion unwaith eto.

Digwyddodd union yr un peth ar y trydydd diwrnod.

Nid oedd y gweithwyr yn gallu credu beth oedd yn digwydd.

Roedd Gwrtheyrn yn poeni'n fawr. Roedd rhaid codi llys ar fyrder, roedd ei elynion yn dal i chwilio amdano. Galwodd ei wŷr doeth ynghyd a gofyn eu cyngor.

'Mae'n rhaid datrys y dirgelwch hwn ar frys,' meddai Gwrtheyrn. 'Oes gennych chi unrhyw awgrymiadau?'

Bu distawrwydd am funud neu ddau.

'Mae'n amlwg nad pobl sy'n dymchwel y waliau,' meddai un o'r gwŷr. 'Mae'n debyg mai ysbryd drwg sydd yn gwneud am ei fod yn anhapus ein bod ni yn adeiladu yma.'

'Sut mae cael gwared ohono?' gofynnodd Gwrtheyrn.

'Bydd rhaid rhoi anrheg i'r ysbryd i'w gadw'n hapus,' atebodd gŵr arall. 'Anrheg arbennig iawn.'

'Beth? Mi roddaf unrhyw beth,' meddai Gwrtheyrn.

'Plentyn. Ond nid unrhyw blentyn, rhaid i'r plentyn fod yn arbennig. Yna bydd rhaid lladd y plentyn a rhoi ei waed ar hyd y sylfeini. Bydd yr ysbryd yn fodlon wedyn.'

Dywedodd Gwrtheyrn y newyddion wrth ei bobl a chynnig gwobr fawr i unrhyw un fyddai'n gallu dod o hyd i fachgen oedd yn ddigon arbennig. Fe aeth nifer o ddynion i ffwrdd i chwilio am blentyn o'r fath.

Aeth rhai misoedd heibio a daeth y gaeaf. Roedd hi'n oer iawn ar ben y bryn heb gysgod, ac roedd Gwrtheyrn yn dechrau digalonni.

Un diwrnod cyrhaeddodd rhai o wŷr Gwrtheyrn yn ôl gyda bachgen. Cytunodd y gwŷr doeth fod y bachgen hwn yn addas.

'Beth yw dy enw di?' gofynnodd Gwrtheyrn iddo.

'Myrddin ap Emrys, syr,' atebodd y bachgen, 'ac fe wn i pam rydw i yma. Rydych am fy lladd i a rhoi fy ngwaed dros sylfeini'r gaer er mwyn gwneud yr ysbryd sy'n byw yma yn hapus.'

Syllodd Gwrtheyrn a'i bobl yn syn arno. Sut oedd y bachgen yn gwybod hyn? Roedd y bachgen yma yn arbennig iawn.

'Gadewch i mi ddweud wrthych chi, syr,' aeth Myrddin yn ei flaen. 'Does dim ysbryd yn byw yma. Dydy eich gwŷr doeth chi ddim yn ddoeth o gwbl mae arna i ofn. Os byddwch chi yn fy lladd i, bydd waliau'r gaer yn dal i ddymchwel.'

'Sut felly?' gofynnodd Gwrtheyrn, wedi synnu clywed bachgen mor ifanc yn siarad mor ddewr a hyderus.

'Nid ysbryd sydd yn gwneud i'ch caer chi ddisgyn, syr, ond dwy ddraig sydd yn byw yng nghrombil y bryn, mewn llyn. Bob nos maen nhw'n ymladd gyda'i gilydd nes bod yr holl fryn i gyd yn ysgwyd.'

Dechreuodd y bobl chwerthin. Roedd y plentyn yn drysu!

'Gadewch iddo fynd yn ei flaen!' gwaeddodd Gwrtheyrn.

134

'Tyllwch o dan y gaer ac fe ddowch at y llyn,' meddai Myrddin, 'ac yno cewch hyd i ddwy ddraig, un wen ac un goch. Mae'r ddraig wen yn cynrychioli Lloegr, a'r ddraig goch yn cynrychioli Cymru. Mae'r ymladd yn ffyrnig iawn a'r ddraig wen sydd ar y blaen ar hyn o bryd, ond y ddraig goch fydd yn ennill yn y diwedd. Os ewch at y llyn a'u gollwng yn rhydd bydd eich caer yn ddiogel.'

'Lladdwch o, syr,' gwaeddodd un o'r dorf. 'Mae'n gwastraffu ein hamser gyda'i lol.'

'Dechreuwch dyllu,' oedd ateb Gwrtheyrn.

Bu'r bobl yn tyllu am oriau a bron â thorri eu calonnau pan waeddodd rhywun, 'Gallaf glywed sŵn dŵr!'

Roedd Myrddin yn iawn. Roedd llyn o dan y gaer. Gollyngwyd y dreigiau yn rhydd.

Y ddraig goch honno yw'r un a welir ar faner Cymru heddiw.

Cafodd Gwrtheyrn wedyn lonydd i godi ei gaer.

Os ewch chi at y bryn hwnnw wrth droed yr Wyddfa heddiw gallwch weld gweddillion caer Gwrtheyrn. Rhoddodd y gaer yn anrheg i Myrddin a'i henw hyd heddiw ydy Dinas Emrys. Cododd Gwrtheyrn gaer arall iddo ef ei hun mewn lle a elwir heddiw yn Nant Gwrtheyrn.

Trafod y Testun

- Soniwch am sut greaduriaid oedd dreigiau. Soniwch am:

  * sut oedden nhw'n edrych;

  * ble roedden nhw'n byw.

- Dywedwch yn eich geiriau eich hun beth sy'n digwydd yn y chwedl 'Draig y Pistyll'? Soniwch am yr effaith roedd y ddraig yn ei chael ar drigolion Llanrhaeadr-ym-Mochnant.

- Rhowch eich barn ar ddiweddglo'r chwedl 'Draig y Pistyll'. Allwch chi feddwl am wahanol ffyrdd o'i gorffen? Siaradwch am eich syniadau.

- Dywedwch yn eich geiriau eich hun beth sy'n digwydd yn y chwedl 'Dreigiau Myrddin Emrys'. Soniwch am:

  * y trafferthion roedd Gwrtheyrn yn eu cael wrth adeiladu llys newydd;

  * sut oedden nhw am ddatrys y broblem.

- Sut berson oedd Gwrtheyrn? Siaradwch amdano gan roi rhesymau o'r testun i gefnogi eich barn.

- Mae'r ddwy chwedl 'Draig y Pistyll' a 'Dreigiau Myrddin Emrys' yn debyg i'w gilydd mewn sawl ffordd. Chwiliwch am bethau sy'n debyg rhwng y ddwy, o ran:

  * digwyddiadau;

  * cymeriadau;

  * dechrau a diwedd.

Pwyntiau Trafod Pellach

- Pa chwedl ydy'r gorau gennych – 'Draig y Pistyll' ynteu 'Dreigiau Myrddin Emrys'? Trafodwch fel grŵp gan roi rhesymau i gefnogi eich barn.

- Cael eu hadrodd oedd chwedlau yn yr hen ddyddiau nid eu darllen fel heddiw am nad oedd llyfrau ar gael. Paratowch ar gyfer ailadrodd un o'r ddwy chwedl wrth eich dosbarth neu wrth grŵp. Cofiwch:

  - roi digon o fanylion yn y chwedl;
  - ei hadrodd yn glir;
  - amrywio eich llais i'w gwneud yn ddiddorol.

- Gallwch adrodd y chwedl, neu ran o'r chwedl ar dâp, ac ailwrando arni i glywed os buoch yn llwyddiannus.

- Dewiswch un aelod o'r grŵp i gymryd rhan y dieithryn o'r chwedl 'Draig y Pistyll'. Bydd gweddill y grŵp yn bentrefwyr sydd yn holi'r dieithryn am ei brofiad gyda dreigiau, hanes ei fywyd a'i deimladau. Defnyddiwch eich dychymyg wrth lunio cwestiynau ac atebion.

- Dychmygwch fod un o'r chwedlau yn digwydd heddiw yn eich ardal chi. Trafodwch y broblem sydd gennych a sut ydych am ei datrys.

Gweithgareddau Ysgrifennu

- Ysgrifennwch ddeialog rhwng 'Ianto a'r Dieithryn' o chwedl 'Draig y Pistyll' neu rhwng 'Gwrtheyrn a Myrddin' o'r chwedl 'Dreigiau Myrddin Emrys'. Dewiswch ran o'r chwedlau lle mae sgwrs ddifyr yn digwydd rhwng y ddau.

- Chi ydy un o'r adeiladwyr yn chwedl 'Dreigiau Myrddin Emrys'. Ysgrifennwch ddyddiadur am y diwrnod y daethoch o hyd i'r dreigiau o dan y ddaear. Cofiwch sôn am:

  * beth ddywedodd Myrddin a'ch teimladau am hynny;

  * dod o hyd i'r dreigiau;

  * eich teimladau ar y diwedd.

- Ar ddechrau 'Draig y Pistyll' mae disgrifiad effeithiol o ddreigiau. Dewiswch rai o'r geiriau disgrifiadol gorau. Ceisiwch ychwanegu atyn nhw. Defnyddiwch y geiriau hyn wedyn i ysgrifennu disgrifiad o ddraig o'ch dewis chi. Nid oes rhaid iddo fod yn hir iawn ond gweithiwch yn galed i'w gael yn ddisgrifiad effeithiol. Efallai bydd rhaid i chi ei ailddrafftio sawl gwaith cyn y byddwch yn fodlon.

- Cynlluniwch boster ar gyfer trigolion y chwedl 'Draig y Pistyll' i'w rhybuddio am y ddraig. Ysgrifennwch ddisgrifiad manwl ohoni er mwyn eu helpu i'w hadnabod. Meddyliwch am:

  * osod y poster allan yn ofalus;

  * beth fydd maint y geiriau a'r lluniau;

  * pa liwiau sy'n dda am dynnu sylw pobl.

Gweithgareddau Darllen

- Ewch i chwilio am chwedlau eraill mewn llyfrau. Gwnewch gasgliad ohonyn nhw. Efallai y gallwch eu darllen ar dâp er mwyn i blant eraill allu gwrando arnyn nhw.

- Ymchwiliwch i nodweddion pwysig Cymru a'i thraddodiadau e.e. Dewi Sant, Cennin Pedr, Llywelyn ein Llyw Olaf, Owain Glyndŵr, Cerdd Dant, Barddoniaeth, Rygbi a.y.y.b. Defnyddiwch y wybodaeth wedyn ar gyfer llunio pedair baner newydd i Gymru yn cynnwys y nodweddion sy'n bwysig yn eich barn chi. Cynlluniwch y baneri ac ysgrifennwch esboniad ar gyfer pob un. Gosodwch y baneri yn ôl trefn eich dewis.

- Ceisiwch ddarganfod os oes hanes y tu ôl i faneri Iwerddon, yr Alban a Lloegr.

- Dewisiwch un o'r ddwy chwedl yn yr uned. Chwiliwch am bob ansoddair yn y chwedl a gwnewch restr ohonynt. Yna, defnyddiwch Thesawrws ar gyfer darganfod ansoddeiriau yn eu lle. Pa rai yw'r mwyaf effeithiol?

- Darllenwch chwedlau o wledydd gwahanol. Oes neges arbennig i'r chwedlau? Oes rhai yn debyg i'w gilydd?

- Chwiliwch am chwedlau eraill sy'n cynnwys draig.

Help Llaw

Sut mae chwilio am wybodaeth?

Sut mae siarad gyda'n gilydd?

Sut mae recordio gwaith ar dâp?

Sut mae paratoi sgwrs?

Sut mae adolygu llyfr?

Mae'r atebion i gyd yma

Sut mae dweud eich barn?

Sut mae trafod barddoniaeth?

Sut mae siarad yn dda?

Nid yw trafod fel grŵp yn waith hawdd Gweithiwch fel tîm a helpu eich gilydd. Dyma rai pwyntiau i'ch helpu:

Mae angen i chi geisio arwain y sgwrs yn synhwyrol.

Gallwch ddweud pethau fel:

> *Gawn ni gychwyn drwy drafod y pwynt cyntaf,* neu
>
> *Pwy sy'n fodlon cychwyn y drafodaeth?* neu
>
> *Beth am i ni fynd ymlaen i'r pwynt nesaf?*

Wrth drafod, soniwch am eich teimladau neu eich profiadau chi eich hunain.

Gallwch ddweud pethau fel:

> *Dwi'n cofio ...*
>
> *Os fyddwn i yn ...*
>
> *Dwi'n deall sut mae ... yn teimlo*
>
> *Dwi'n cytuno gyda ... achos ...*
>
> *Allai ddim deall pam mae ... yn dweud hynny achos ...*

Weithiau bydd angen help ar aelodau o'ch grŵp.

Gallwch ddweud pethau fel:

> *Beth ydy dy farn di ...* os nad yw plentyn yn siarad llawer.
>
> *Pam wyt ti'n dweud hynny ...* os ydych am i blentyn ddweud mwy.
>
> *Gawn ni ddod yn ôl at y pwynt ...* os ydy plentyn yn crwydro oddi ar y testun.

Mae bod yn dawel a gadael i blant eraill siarad yn help mawr weithiau! Mae pawb angen cyfle.

Siarad yn Dda

Pan rydych yn cynnal trafodaeth grŵp neu ddosbarth mae angen defnyddio iaith lafar dda, a meddwl yn ofalus am sut rydych yn siarad. Nid sgwrs amser chwarae ydy trafodaeth fel hyn.

Ceisiwch roi sylw i rai o'r pethau hyn:

Defnyddiwch eiriau Cymraeg

Mae'n hawdd iawn defnyddio geiriau Saesneg am lawer o bethau wrth siarad gyda ffrindiau, fel 'telly' neu 'television' yn lle teledu. Meddyliwch yn ofalus am hyn wrth siarad.

Defnyddio idiomau a dywediadau

Mae idiomau a dywediadau yn gwneud eich sgwrs yn ddifyr. Gwnewch yn siŵr eich bod yn gwybod digon ohonynt a defnyddiwch rai os gallwch chi yn naturiol yn eich sgwrs. Peidiwch â'u defnyddio'n ormodol, dim ond ambell un yma ac acw. Dyma rai enghreifftiau i chi:

> *rhoi'r ffidil yn y to*
> *os buaswn i yn 'sgidiau*
> *rwyt yn llygaid dy le*
> *rwyf wedi cael llond bol*
> *torri calon*
> *wedi llyncu mul*
> *siarad drwy dy het*
> *brathu tafod*

Dweud eich Barn

Rhan bwysig o unrhyw drafodaeth ydy gallu dweud eich barn yn dda.
Dyma rai pwyntiau i'ch helpu i ymarfer hyn mewn trafodaeth grŵp.

Mynegi eich barn

Gallwch ddweud rhywbeth fel hyn:

> Dwi'n cytuno gyda ...
>
> Dwi'n anghytuno gyda ...
>
> Efallai dy fod ti'n teimlo'n gryf am hynny, ond ...
>
> Mae fy nheimladau i yn wahanol iawn i rai ...
>
> Yn fy marn i ...
>
> O'm safbwynt i ...

Cefnogi eich pwynt

Os ydych yn dweud rhywbeth neu'n mynegi barn am rywbeth, ceisiwch roi
rheswm am ei ddweud. Gallwch dynnu gwybodaeth o rywbeth yr ydych yn
ei ddarllen neu brofiad personol i wneud hyn. Gallwch ddweud rhywbeth
fel hyn:

> Mae'r paragraff cyntaf yn sôn am ...
>
> Mae'r bardd yn dweud ... yn y pennill olaf ...
>
> Yn y ddeialog mae ... yn dweud ...
>
> Mae'r pwyntiau bwled yn dangos yn glir iawn bod ...
>
> Gwelais raglen am hyn ar y teledu yn ddiweddar ...
>
> Rwyf wedi darllen am hyn yn ...

Paratoi Sgwrs

Os ydych am roi sgwrs i'r dosbarth mae angen paratoi manwl ymlaen llaw. Ysgrifennwch brif bwyntiau'r sgwrs i lawr a nodi beth rydych am ei ddweud am y pwyntiau hynny.

1.   Cyflwyno eich hun a thestun eich sgwrs

Prynhawn da. Fy enw i ydy ... ac rwyf yma heddiw i sôn wrthych chi am ...

2.   Sôn am eich testun

Dyma eich cyfle i fanylu ar yr hyn sydd gennych i'w ddweud. Bydd angen o leiaf dri i bum pwynt neu ddarn o wybodaeth, a manylu ar bob un. Gallwch ddefnyddio lluniau, arteffactau neu ran o fideo neu lyfr i gefnogi eich pwynt ac i gadw diddordeb y gwrandawyr.

3.   Cloi

Mae angen i'r sgwrs gael ei chloi yn daclus. Gallwch ddweud rhywbeth fel:

Gobeithio eich bod wedi mwynhau fy sgwrs i heddiw. Os oes gennych unrhyw gwestiynau, byddaf yn falch iawn o'u hateb ...
Neu
Diolch yn fawr i chi am wrando ar yr hyn oedd gennyf i'w ddewud. Prynhawn da.

Wedi i chi baratoi eich sgwrs, bydd angen ei hymarfer sawl gwaith cyn dweud eich dweud wrth eich cynulleidfa. Gallwch roi'r sgwrs i rhywun sy'n fodlon gwrando arnoch adref neu ymarfer y sgwrs yn y drych! Pob lwc!

Cofiwch gyflwyno eich hun a dweud yn glir am beth rydych yn mynd i siarad.

Rydw i yma i sôn am/i roi fy marn ar ...

Yn gyntaf, hoffwn sôn am ...

Yn ail, hoffwn sôn am ...

Yn drydydd, hoffwn sôn am ...

Yn olaf ...

- Cofiwch roi rhesymau i gefnogi eich dadl mor aml ag y gallwch.

- Ydych chi am ddefnyddio'r rhain wrth geisio perswadio'r gwrandawyr?

Heb flewyn ar fy nhafod ...	*Rwyf yn fwg ac yn dân ...*
Rwyf wedi cael llond bol ...	*Wna i ddim ildio dim ...*
Rwyf yn credu'n gryf ...	*Rwyf yn anghytuno ...*
Heb amheuaeth ...	*Rwyf am ddweud fy marn yn blwmp ac yn blaen...*

Adolygu Llyfr rydych wedi ei fwynhau

Pan rydych yn adolygu llyfr, ar lafar neu yn ysgrifenedig, mae'n rhaid i chi gynllunio'n ofalus. Dyma rai canllawiau all fod o help i chi.

Gwybodaeth gyffredinol am y llyfr

Dywedwch beth ydy'r teitl, pwy ydy'r awdur, yr arlunydd a'r cyhoeddwyr.

Pa fath o lyfr ydyw?

Nofel – hanesyddol, antur, ddigrif, dditectif?

Cyfres o straeon byrion	*Llyfr o chwedlau*
Cyfrol o farddoniaeth	*Drama*
Llyfr ffeithiol	*Rhan o gyfres*

Crynodeb o gynnwys y llyfr

Mae'r llyfr yn adrodd hanes ...	*Hanes ... a gawn yn y llyfr*
... a geir yn llyfr	*cerddi am ... sydd yn y llyfr*

Eich barn am y llyfr

Cofiwch ddefnyddio enghreifftiau o'r llyfr i gefnogi eich barn. Mae angen cael darnau yn barod ar gyfer eu darllen yn uchel wrth adolygu.

dawn dweud stori	*diddorol*	*cyffrous*
plot	*portread*	*cymeriadau credadwy*
llawn digwyddiadau	*deialog*	*ardderchog*
campus	*hiwmor*	*penigamp*
tristwch		

clawr/ lluniau – safon da, effeithiol, ychwanegu at gynnwys y llyfr

Clo taclus i'r adolygiad

wedi fy nghyfareddu o'r dechrau i'r diwedd

... o glawr i glawr

... o'r dechrau i'r diwedd

rwyf wedi fy siomi ar yr ochr orau

rwyf yn argymell unrhyw un i'w ddarllen

Adolygu Llyfr nad ydych wedi ei fwynhau

Pan ydych yn adolygu llyfr, ar lafar neu yn ysgrifenedig, mae'n rhaid i chi gynllunio'n ofalus. Dyma rai canllawiau all fod o help i chi.

Gwybodaeth gyffredinol am y llyfr

Dywedwch beth ydy'r teitl, pwy ydy'r awdur, yr arlunydd a'r cyhoeddwyr.

Nofel – hanesyddol, antur, ddigrif, dditectif

Pa fath o lyfr ydyw?

Nofel – hanesyddol, antur, ddigrif, dditectif

Cyfres o straeon byrion	*Llyfr o chwedlau*
Cyfrol o farddoniaeth	*Drama*
Llyfr ffeithiol	*Rhan o gyfres*

Crynodeb o gynnwys y llyfr

Mae'r llyfr yn adrodd hanes ...	*Hanes ... a gawn yn y llyfr*
... a geir yn llyfr	*cerddi am ... sydd yn y llyfr*

Eich barn am y llyfr

Cofiwch ddefnyddio enghreifftiau o'r llyfr i gefnogi eich barn. Mae angen cael darnau yn barod ar gyfer eu darllen yn uchel wrth adolygu.

diflas	*anniddorol*	*digyffro*
plot gwael/gwan	*cymhleth/ anodd ei ddeall*	
diffyg digwyddiadau	*stori'n llusgo*	

nid oedd y llyfr yn gwneud i chi fod eisiau darllen ymlaen

cymeriadau anghredadwy	*gweddol*	*dim sbarc*
di fflach	*deialog ddiflas/ dim digon o ddeialog*	

beth am y lluniau?

Clo taclus i'r adolygiad

amheus iawn os byddaf yn darllen llyfr arall gan yr awdur

siomedig iawn ... o'r dechrau i'r diwedd

er bod rhai darnau diddorol, ar y cyfan digon diflas

Trafod Barddoniaeth

Darllenwch y gerdd yn uchel i'r grŵp.

Siaradwch am beth sy'n digwydd yn y gerdd.

Siaradwch am ffurf y gerdd. Edrychwch yn ofalus ar:

sut mae'r llinellau a'r penillion wedi cael eu gosod;

unrhyw batrwm arbennig sy'n digwydd yn y gerdd e.e. odl, ailadrodd geiriau neu lythrennau.

Efallai eich bod yn hoffi:

sŵn rhai geiriau;

rhythm ambell linell;

dechrau neu ddiwedd effeithiol;

ffordd arbennig mae'r bardd yn cymharu disgrifiadau yn y gerdd.

Siaradwch am hyn gyda gweddill y grŵp.

Yn eich tro, rhowch eich barn am y gerdd.

Cofiwch roi rheswm dros ddweud eich barn bob tro.

Ceisiwch ddewis darn o'r gerdd i gefnogi'ch barn.

I orffen y drafodaeth dewiswch aelod o'r grŵp i ddarllen y gerdd allan yn uchel unwaith eto, neu gallwch ei darllen allan gyda'ch gilydd fel grŵp.

Perfformio Cerdd

- Cofiwch ymarfer darllen y llinellau'n gywir.

- Penderfynwch a ydych chi am rannu'r darllen a sut. Ydych chi am ddarllen rhai darnau gyda'ch gilydd?

- Pryd mae angen llais cryf ac uchel, llais cyffredin neu lais tawel?

- Oes angen cyflymu ac arafu eich llais?

- Beth am gasglu bocs sŵn/offerynnau neu greu synau eich hunain i gyd-fynd gyda'ch darlleniad?

- Drafftiwch eich gwaith darllen.

- Peidiwch â rhoi'r tâp recordydd ymlaen y tro cyntaf. Mae'n bwysig ymarfer i gychwyn!

- Rhowch gynnig ar recordio'ch perfformiad. Gwrandewch a meddyliwch sut mae gwella'r perfformiad.

- Recordiwch am y tro olaf!